LA SANACIÓN A TRAVÉS DEL SONIDO PARA PRINCIPIANTES

Medicina sónica para el cuerpo, rituales de chakras y lo que no te han contado sobre la energía vibracional

ASCENDING VIBRATIONS

TABLA DE CONTENIDO

Meditación guiada adicional (en inglés)	v
Introducción	vii
1. Comprender el sonido puede alterar profundamente tu existencia	1
2. El superpoder olvidado: Escuchar	16
3. Creando magia con la tonificación vocal	30
4. De la contaminación a la panacea	46
5. Desbloqueando tus meridianos con el sonido	71
6. Secretos emocionales de la curación a través del sonido	86
7. Sintoniza tu cuerpo, tu mente y tu alma en un paradigma actualizado	114
8. Magia con mantras	177
9. Meditaciones guiadas con sonido	185
Conclusión	217
referencias	219
Finalmente... Por favor, deja una reseña en Amazon o en Audible	237
¿Por qué no te unes a nuestra comunidad de Facebook y hablas de tu camino espiritual con personas afines?	239

MEDITACIÓN GUIADA ADICIONAL (EN INGLÉS)

¿No sería agradable tener incluso más motivación, inspiración y coraje en tu camino espiritual? Para agradecerte sinceramente desde el fondo de mi corazón, puedes reclamar tu meditación guiada de 10 minutos de Sanación Energética descargable en Mp3 a continuación.

¿Quieres liberar la toxicidad en tu interior y realinearte con tu verdadera energía?

- MANTENTE FIRME, di que no y establece límites siendo dueño de tu poder y energía únicos

- Conviértete en un imán para otras energías de alta vibración

- Protégete de aquellos en tu vida que tienen desequilibrios energéticos y están bajando tu vibración

Ve a este enlace para obtener tu meditación guiada de Sanación Energética de 10 minutos: **bit.ly/energyhealingfree**

INTRODUCCIÓN

Eres energía y sólo energía. Tu energía está dispuesta en una forma particular que te convierte en el ser humano que eres. Tus partículas están siempre en movimiento dentro de su forma asignada, siempre vivas y llenas de posibilidades, y vibrando a una frecuencia que las mantiene sanas y en la forma correcta.

Este movimiento se conoce con muchos nombres diferentes, como qi, prana y espíritu.

Cualquier cosa que altere la frecuencia provoca un movimiento "incorrecto" para un cuerpo, órgano o sistema. Lo experimentamos como malestar y enfermedad. Nuestras partículas ya no están a gusto y la música que sus movimientos hacen conjuntamente es disonante en lugar de armoniosa.

La introducción del sonido adecuado en la frecuencia vibratoria correcta, siempre a fin de que tus partículas vuelvan a la frecuencia que desean y en la que deberían estar, se llama sanación por sonido.

Y ese es el enfoque de este libro en pocas palabras.

INTRODUCCIÓN

Prepárate para asombrarte e inspirarte con el poder de tu cuerpo y su conexión con el universo. Tu viaje para convertirte en la mejor versión de ti mismo empieza aquí.

A través de los ejercicios prácticos y sencillos de este libro electrónico, puedes recuperar la antigua sabiduría sobre la curación y la salud. Potencia tu comprensión leyendo y aplicando los conocimientos.

Realiza los numerosos ejercicios prácticos de sonido y tonificación, con y sin instrumentos y herramientas.

Desafíate a ti mismo a aprender a cantar con sobretonos a través de las minuciosas explicaciones proporcionadas y concédete el regalo de los armónicos, llevando tu práctica curativa al siguiente nivel.

Siente los beneficios calmantes y restauradores al instante cuando realices las meditaciones paso a paso que se proporcionan en un capítulo posterior mientras escuchas una banda sonora en una frecuencia específica, ritmos binaurales o bien un paisaje sonoro natural a través de tus auriculares.

Este es un manual práctico (o deberíamos decir de apuntes) para redescubrir el poder del sonido tal y como las antiguas civilizaciones lo conocían y utilizaban, tanto en beneficio propio como de todo el planeta. Podemos recuperar nuestro poder aprovechando el sonido de la forma en que fue concebido. Podemos sanar la Tierra antes de que sea demasiado tarde.

Sigue leyendo para entrar en un nuevo y emocionante capítulo de tu vida, con el sonido y la música en el lugar que les corresponde como compañeros de una vida sana y óptima.

I
COMPRENDER EL SONIDO PUEDE ALTERAR PROFUNDAMENTE TU EXISTENCIA

El acorde perdido (Música compuesta en 1877 por Arthur Sullivan, sobre un poema de Adelaide Anne Procter) (Lin, s.f.).

"Sentado un día en el órgano Estaba cansado e incómodo,
Y mis dedos vagaban ociosos Sobre las ruidosas teclas.
No sé a qué estaba jugando
O lo que estaba soñando entonces; Pero toqué un acorde de música, ¡Como el sonido de un gran Amén!
Inundó el crepúsculo carmesí,
Como el final del salmo de un ángel, Y yació sobre mi espíritu febril
Con un toque de infinita calma.
Calmó el dolor y la tristeza,
Como el amor que vence la contienda;
Parecía el armonioso eco
De nuestra discordante vida.
Vinculaba todos los significados perplejos En una paz perfecta,
Y temblaba en silencio

Como si no estuviera dispuesto a cesar.
He buscado, pero en vano lo busco,
Ese acorde perdido divino,
Que salió del alma del órgano,
Y entró en la mía.
Quizá el ángel luminoso de la muerte
Vuelva a hablar en ese acorde.
Puede ser que solo en el Cielo
Escuche ese grandioso Amén."

Este poema puede ser antiguo, pero la verdad fundamental de que el sonido es una fuerza primordial en el universo sigue vigente. Comprender plenamente el sonido y su papel en la vida puede marcar una profunda diferencia en el resto de tu existencia, así como en la salud de nuestro universo.

El sonido tiene usos científicos, emocionales, metafísicos y terapéuticos en nuestras vidas. Nuestro estilo de vida moderno ha puesto en primer plano la parte científica y ha descuidado el resto, a menudo porque no puede generar progreso económico y tecnológico en nuestra forma de pensar orientada al comercio.

Muchos de nosotros estamos pagando un precio muy alto por ello. Las enfermedades relacionadas con el estilo de vida, como la diabetes y los problemas cardiovasculares, y los problemas mentales como la depresión, están en su punto más alto en todo el mundo. El estrés se ha convertido en el problema crónico número uno y ni siquiera hemos comprendido del todo el daño que hace a nuestros cuerpos y mentes.

Según un reciente informe de la Organización Mundial de la Salud sobre las enfermedades no transmisibles, las enfermedades relacionadas con el estilo de vida son responsables del 71% de todas las muertes que se producen cada año en el mundo. Más de 15 millones de personas mueren entre los 30 y los 69 años cuando aún deberían tener una vida productiva por delante. Las enfermedades cardiovasculares son las que más muertes causan, seguido de diversas formas de cáncer, enfermedades respiratorias y diabetes. La obesidad debida al estrés crónico y los hábitos de vida nocivos contribuyen de forma significativa a todas estas cifras (OMS, 2021).

El uso del sonido para curar y reconfortar es una de las formas más antiguas de sanación. Se cree que se originó en la antigua Grecia, donde los sanadores intentaban curar las enfermedades mentales con música.

La música se utiliza en todo el mundo para estimular los procesos mentales y físicos y acelerar la recuperación de las enfermedades. Se utiliza para aumentar la productividad en el lugar de trabajo, elevar la moral de las tropas militares y alejar a los espíritus malignos en algunas culturas (Santos- Longhurst, 2020).

Una sesión de sonido, tanto si se experimenta en grupo como individualmente, puede ayudar a relajar los músculos tensos y evitar que los pensamientos ansiosos giren sin control en tu cabeza.

Las vibraciones adecuadas devolverán la armonía a tu cuerpo y a tu mente, eliminando cualquier bloqueo que impida un estado óptimo de salud y felicidad. El sonido puede ayudar a sanar profundamente los traumas y a abrir de nuevo las vías energéticas y los chakras.

La sanación con sonido puede ayudar a reducir la presión arterial, hacer más soportable el dolor crónico y ayudar a conciliar el sueño profundo.

¿Qué es el sonido?

Para responder a esta pregunta, tendríamos que determinar primero cuál es la naturaleza y la influencia de las vibraciones.

¿Has estado alguna vez en tu casa cuando ha pasado un gran camión y has oído un leve zumbido en los cristales de las ventanas? Es más, ¿recuerdas haber experimentado una vibración en tus huesos correspondiente al profundo estruendo del motor de un vehículo?

Eso es sonido y vibración.

Según la definición científica, el sonido es una onda de presión provocada por un objeto que vibra. La vibración pone en movimiento partículas de aire y nuestros oídos recogen la onda de presión (Universidad de Toronto, Ciencias de la Computación, 2004).

En nuestros oídos, la vibración causada por la onda de presión se convierte en señales eléctricas que nuestro cerebro capta a través del nervio auditivo e interpreta (Instituto Nacional de la Sordera y Otros Trastornos de la Comunicación, Maryland, 2015).

Las partículas que transportan la energía de la onda, que suele ser aire, se mueven en paralelo a la onda de presión. Por ello, el sonido es llamado una onda longitudinal.

La altura y la profundidad a la que oscilan las partículas antes de volver a la línea media se conocen como la amplitud de un sonido. El número de movimientos completos de ida y vuelta de una partícula en un segundo se mide en hercios (Hz) y se denomina frecuencia del sonido. Cuanto más rápido sea el movimiento, lo que da lugar a una mayor frecuencia, más agudo será el sonido. La velocidad a la que viaja la onda sonora se denomina longitud de onda (Universidad de Toronto, Ciencias de la Computación, 2004).

¿Cómo oímos?

Nuestros mecanismos auditivos básicos son los tímpanos y un par de huesos diminutos.

. . .

Las ondas sonoras entran en nuestros oídos a través del canal auditivo que conduce al tímpano. El tímpano es una fina membrana de tejido con forma de cono que está cubierta de piel en el exterior y de mucosidad en la parte interior del oído. La membrana vibra con las ondas sonoras.

Las vibraciones viajan hasta tres pequeños huesos del oído medio llamados martillo, yunque y estribo. Esto amplifica el sonido antes de que pase a la cóclea, que es una estructura con forma de caracol y llena de líquido en el oído interno.

La cóclea está dividida en una parte superior y otra inferior por un tabique llamado membrana basilar, la cual está cubierta de células sensoriales con forma de pelo.

Las ondas sonoras hacen que el líquido de la cóclea se agite y cree una onda en la parte superior de la membrana basilar. Las células ciliadas y las microproyecciones situadas encima de ellas, llamadas estereocilios, chocan con la estructura que tienen encima. Al doblarse durante el movimiento de choque, se abren pequeños canales. En los canales entran sustancias químicas que envían señales eléctricas al cerebro a través del nervio auditivo.

El cerebro interpreta las señales y las convierte en sonidos que podemos entender (Instituto Nacional de la Sordera y Otros Trastornos de la Comunicación, Maryland, 2015).

¿Cómo nos influencian los sonidos?

Quizá te preguntes cómo el sonido puede afectar nuestro bienestar físico y emocional.

. . .

Además de cosas obvias, entre ellas actuar como advertencia en situaciones de peligro, el sonido puede tener un efecto profundo. No se puede apagar como se apagan las vistas no deseadas al cerrar los ojos.

Del mismo modo que el sonido que entra en nuestra conciencia es una vibración en una determinada frecuencia, nuestros órganos vibran en sus propias frecuencias específicas. La frecuencia de un sonido entrante puede amplificar nuestras frecuencias u oponerse a ellas.

En un estudio realizado sobre la relación entre nuestro ADN y el sonido, los científicos descubrieron que la red escalar tridimensional de sustancia no codificante que integra nuestro ADN, además de la parte codificante, contiene datos que se relacionan con los impulsos eléctricos creados por el lenguaje oral, así como por el escrito. Los patrones de un lenguaje se traducen en códigos matemáticos utilizados para la comunicación en la totalidad de nuestra conciencia. Esto se describe como un plano con instrucciones operativas para nuestra matriz espíritu-mente-cuerpo. Hablamos de algo profundo: ¡el sonido comunicado instruye a nuestra conciencia a través de una biblioteca holográfica de datos! Esto ocurre en la parte de nuestro ADN que suele ser ignorada por los científicos como "ADN basura" (Rivera-Dugenio, 2019).

Es, por tanto, seguro decir que el sonido es un portador de conciencia con mucho más poder en nuestra existencia de lo que parece. No será una exageración decir que podemos hacer o deshacer nuestro mundo con el sonido.

Lo que hagamos con los sonidos con los que pasamos nuestro tiempo (y su calidad) es nuestra elección. A través de las técnicas de sanación mediante el sonido, podemos beneficiar no sólo a nuestros cuerpos físicos, sino también a nuestros cuerpos espirituales y mentales. De este modo, podemos recuperar el estado de equilibrio y bienestar para el que fuimos creados.

Este estado de bienestar se extiende a nuestro entorno y al resto del cosmos. ¿Recuerdas el concepto psicológico conocido como el efecto mariposa? Según la teoría propuesta, el mero sonido de las alas de una mariposa en una parte del mundo puede provocar una violenta tormenta en otra parte del mundo.

Ya no es una idea descabellada. No tenemos que ver algo para sentir su efecto en nuestra conciencia, como se demostró en un experimento científico en el que sonidos invisibles hicieron que los participantes percibieran señales visuales. La fuerza de la percepción visual era independiente del volumen del destello sonoro (Aller et al., 2015).

Los elementos básicos de la sanación mediante el sonido

Hay un par de pilares que hay que explicar cuando se habla de la sanación mediante el sonido. Uno de los más importantes es la resonancia.

Resonancia

Todos los objetos del universo tienen una frecuencia natural en la que vibran. Si una fuerza externa, que vibra a una frecuencia diferente, toca el objeto, el contacto obligará al objeto a encontrar su frecuencia natural y empezar a vibrar en ella. Así es como funciona la resonancia (El Aula de Física, s.f.).

La fuerza externa no tiene que ser necesariamente un objeto físico. Puede ser otro sonido, como una nota en una canción, la cual pone en marcha la frecuencia de tu cuerpo y tus órganos para que vibren en sus frecuencias naturales específicas y curativas. Un ejemplo de esto es cuando se canta una nota cerca de un instrumento musical, como un violín, y la cuerda correspondiente a ese tono empieza a sonar.

Los sanadores de sonido creen que los órganos que no vibran en las frecuencias que se supone que deben hacerlo provocan enfermedades y una sensación de malestar, también conocido en el mundo de la sanación natural como *dis-ease* (Encyclopedia.com, 2014).

Intención

Según los expertos en el campo de la sanación mediante el sonido, la frecuencia correcta por sí sola no es suficiente para facilitar la curación. El sanador de sonido tiene que mantener también en su corazón y en su mente la intención de sanar a una persona y/o a un órgano (Goldman, 2009).

Esto se tratará con más detalle más adelante en el libro electrónico.

Tipos e instrumentos de la terapia de sonido

Una sesión de sanación con sonido puede adoptar varias formas diferentes, utilizando una variedad de instrumentos además de la música convencional para efectuar la curación y el desestrés a través del sonido. Cada tipo tiene beneficios para situaciones específicas.

Diapasones

. . .

Un diapasón calibrado para una frecuencia específica puede aplicarse a una parte del cuerpo que funcione en esa frecuencia para equilibrar y sanar los órganos. Las vibraciones pueden abrir canales energéticos bloqueados y liberar la tensión almacenada en los músculos.

También puede ayudar a aliviar el dolor.

Gongs

Los gongs han sido una parte integral de la curación mediante el sonido desde hace unos 4.000 años (Bhaumik, 2019). Los sonidos profundos y ricos que se producen cuando se golpea un gong generan fuertes vibraciones que pueden poner al cerebro en un patrón de meditación en un minuto.

Hoy en día, se usan a menudo para los baños de gong.

Cuencos cantores

Los cuencos cantores se utilizaron por primera vez en la cultura tibetana ya en el siglo XII (Bhaumik, 2019).

Suelen ser de metal y están disponibles en varios tamaños, cada uno de los cuales produce diferentes vibraciones que actúan sobre la mente y el cuerpo.

Los cuencos pueden colocarse sobre el cuerpo para que el agua de las células corporales transmita las vibraciones directamente al órgano deseado.

Campanillas de viento

. . .

Más que una bonita decoración para las ventanas, las campanas de viento se remontan a las civilizaciones india y china.

Ayudan a centrar y enraizar la mente y favorecen la relajación.

Cristales

Los cuencos cantores también pueden estar hechos de cristales. La frecuencia que se libera cuando se pasa un mazo suave por el borde del cuenco depende del tipo de cristal con el que esté hecho, así como del tamaño del mismo.

Las vibraciones de los cuencos pueden aumentar si se colocan cristales de roca cerca.

Didgeridoos

El didgeridoo australiano es un tipo de flauta que se fabrica con bambú o madera. Se originó hace unos 1.500 años para ser utilizado en ceremonias espirituales.

Se cree que es muy eficaz para desbloquear la energía estancada.

Djembes

El djembe es un tambor africano occidental hecho de madera y recubierto de piel de cabra y cuerda. Se suele utilizar para iniciar y mejorar los estados de trance, así como para impulsar la meditación.

A menudo se utiliza en los círculos de percusión para aliviar el estrés.

Kalimbas

La kalimba, otro instrumento de origen africano, también se llama a veces piano de pulgar. Consiste en una pequeña plataforma de madera con teclas de metal montadas sobre ella.

Se utiliza por su efecto tranquilizador.

Dulcimer martillado

El dulcimer martillado es un instrumento de cuerda que recuerda a una cítara y cuyo origen está en la Europa medieval. Tiene las cuerdas tensadas sobre un marco de madera que actúa como caja de resonancia, con dos cuerdas para cada nota. Para producir el sonido, las cuerdas se golpean con ligeros martillos en lugar de ser punteadas.

Se suele utilizar para calmar la mente y aportar paz a las emociones alteradas. Es una gran ayuda para la meditación.

Monocordios

Un monocordio es un instrumento de una sola cuerda que se dice que fue inventado por el filósofo y matemático griego Pitágoras.

Se cree que las vibraciones de la cuerda aportan energía renovada al cuerpo y la mente.

Flautas nativas americanas

El sonido relajante que emiten estas flautas es muy conocido y apreciado en la curación mediante el sonido. Se utiliza para reducir el estrés y la ansiedad.

El uso de la flauta también se conoce como música Ojibwe, en honor a la tribu Ojibwe o Chippewa, la cual fue una de las más poderosas de Norteamérica.

Palos de lluvia

Los orígenes de estas cocteleras se encuentran en la cultura azteca. Ellos utilizaban cactus secos y huecos que rellenaban con semillas o pequeñas piedras. Al agitarlos, los palos emiten un sonido parecido al de la lluvia.

Se utilizan para favorecer la relajación y disminuir la ansiedad.

Hanghang

El instrumento de percusión hang handpan (cuyo plural es "hanghang") es una creación sueca de hace sólo un par de años.

Es algo parecido a un cuenco tibetano y produce sonidos profundamente melódicos que son ideales para relajarse y, al mismo tiempo, para aumentar la atención y la concentración en la meditación.

Frecuencias Solfeggio

. . .

Las frecuencias Solfeggio son seis tonos que vibran con órganos y partes del cuerpo específicos. Los tonos se denominan según la designación sol-fa, que consiste en Ut-Re-Mi-Fa-Sol-La.

Se cree que estos seis tonos se han utilizado desde la antigüedad para promover la curación y el equilibrio. Más adelante en el libro, podrás ver un análisis más detallado de los tonos Solfeggio.

Sonidos binaurales

Esta modalidad de terapia de sonido también se conoce como inducción cerebral. Utiliza pulsaciones sutiles que animan al cerebro humano a alinearse con sus frecuencias y entrar en un estado específico. A veces, las pulsaciones se ajustan a la música.

Este concepto se analizará en profundidad en un capítulo posterior.

Ritmo y voz

El uso de la música como herramienta de curación se tratará con más detalle en un capítulo posterior. Puede consistir en crear música, escucharla, cantar o moverse al ritmo de la misma.

Meditación

La meditación, con o sin canto de un mantra, es una de las primeras cosas que vienen a la mente cuando se piensa en la sanación con sonido. Un mantra ayuda a evitar que la mente se desvíe, asegurando que se obtengan todos los beneficios de la meditación.

Los sonidos producidos por la voz al cantar un mantra durante la meditación crean vibraciones en el cuerpo, y esto puede ayudar a la curación.

Lo mismo ocurre con la meditación con zumbidos, en la que las vibraciones del zumbido se originan en el cuerpo y estimulan el nervio vago para obtener diversos beneficios.

Encontrarás un análisis más detallado de la meditación y sus beneficios en un capítulo posterior.

Armonía

Las armonías que se crean al mezclar diferentes notas combinan vibraciones para formar una poderosa fuerza curativa. Administrar la curación a través de la armonía requiere un sólido conocimiento de los efectos de las distintas armonías en el cuerpo y la mente.

Las relaciones armónicas se tratarán a fondo más adelante en el libro.

Zumbidos

Las fuertes vibraciones que produce un zumbido recorren todo el cuerpo. Junto con una respiración profunda eficaz, los ejercicios de zumbido crean poderosas sesiones de curación.

Paisajes sonoros de la naturaleza

. . .

No es casualidad que ciertos sonidos de la naturaleza sean relajantes o inspiradores. Las frecuencias de ciertos sonidos, como los de las olas del mar o el agua que corre sobre guijarros, pueden influir en nosotros de forma poderosa.

La importancia de la homeostasis

En definitiva, todos estos métodos de curación pretenden llevar el cuerpo mental, físico y emocional a la homeostasis. Este estado de equilibrio permite un funcionamiento óptimo, sin que ningún componente sufra malestar o enfermedad por estar desequilibrado con el resto.

Aunque sólo el cuerpo físico puede ser visto por los demás, no existe aislado del cuerpo mental y emocional (o energético): todos son interdependientes.

2
EL SUPERPODER OLVIDADO: ESCUCHAR

Sin escuchar, no puede haber sanación mediante el sonido. Es un requisito previo para que se produzca la sanación. Los sonidos y sus vibraciones tienen que formar parte de tu cuerpo para poder aprovechar todos los beneficios del tratamiento.

Hay diferentes maneras de escuchar, y no todas implican la utilización de los oídos. Hay una gran diferencia entre simplemente oír y escuchar. Cuando escuchas, vas más allá del proceso físico de utilizar tus órganos auditivos para dar significado a las cosas que oyes.

Escuchar tiene que ver tanto con tu voz interior como con lo que dicen y hacen los demás.

Escucha externa

La audición es una actividad automática que no requiere ninguna habilidad. Nuestros oídos están siempre encendidos, por lo que nuestro cerebro tiene que aplicar filtros para determinar qué sonidos se registran en nuestra conciencia.

Este proceso de filtrado, a través del cual damos sentido a los sonidos que nuestros oídos escuchan desde fuera de nuestro cuerpo físico, se denomina escucha externa.

Siempre está condicionada por nuestras experiencias y preferencias personales y puede ser pasiva o activa.

Escucha interna

A diferencia de la escucha de los sonidos del exterior, la escucha interna se refiere a la voz dentro de nuestra cabeza. Esta voz está muy influenciada por nuestros sentimientos, preferencias y experiencias pasadas.

Un punto importante y poderoso a tener en cuenta con respecto a la voz interna es que no es lo que somos. Son nuestras heridas, vergüenzas y decepciones pasadas (en su mayoría) las que hablan, y nosotros somos los que escuchamos.

Ser el oyente significa que podemos descartar cualquier sugerencia o información que no consideremos útil o precisa. Eso aporta un enorme poder personal y paz.

Escucha creada

Nuestra percepción de quién es una persona o de lo que representa colorea nuestra forma de escuchar a esa persona. También es un conjunto de filtros que aplicamos, a veces sin ser conscientes de ello.

Esto puede causar malentendidos porque nuestras ideas preconcebidas de lo que una persona está diciendo pueden no ser lo que la persona realmente está tratando de comunicar.

. . .

Escucha profunda

Cuando escuchas para aprender con una mente abierta y receptiva, bien sea tu voz interior o la de otra persona, hablamos de escucha profunda. El propósito de la escucha debe ser comprender, aunque no se pueda llegar a un acuerdo (Centro Bakken para la Espiritualidad y la Sanación, 2015).

La escucha profunda también implica hacer preguntas poderosas. Una pregunta poderosa atrae a la persona al verdadero significado de la conversación y la inspira a reflexionar sobre la misma.

Para practicar este modo de escucha, el oyente tiene que vaciar su mente y abrirse para recibir la información que la otra persona aún no ha compartido con palabras.

En la sanación con sonido, este principio se aplica a la capacidad de escuchar tu propia voz interior y permitirle decir las cosas que tu ser central sabe pero que aún no ha comunicado.

- Primero toma conciencia del momento presente. Siente tu cuerpo, tu ropa y tu entorno sin pensar en ninguna palabra. Intenta silenciar realmente tu interior.
- Experimenta tu centro de gravedad y conéctate a tierra. Ahora, toma conciencia y reconoce cualquier cosa que pueda estar interfiriendo con tu tranquilidad. Acepta que tienes sentimientos, juicios, miedos y sensaciones que se mueven en tu mente. Estas cosas son los desencadenantes que pueden impedir que te escuches profundamente y que permitas que el sonido te sane.
- Una vez que hayas identificado tus desencadenantes, intenta comprender de dónde vienen, sin juzgarte ni criticarte. Así podrás pasar a una comprensión más profunda de ti mismo.

Escucha consciente y atenta

Si silenciamos todas las voces internas, los ruidos externos y tomamos conciencia de nuestros filtros personales, podemos escuchar a otra persona o acontecimiento con la mente abierta. Eso es estar plenamente consciente del momento.

El entorno cada vez más ruidoso en el que la mayoría de nosotros nos encontramos constantemente está obstaculizando nuestra capacidad de escuchar con una actitud consciente y activa. Nuestro cerebro se ve abrumado por un bombardeo de estímulos y a veces es más fácil simplemente desconectarse. Al hacerlo, entramos en una prisión creada por nosotros mismos, en la que nos negamos la valiosa existencia de sonidos curativos y relajantes.

¿Qué es el Mindfulness?

Muchas personas equiparan el mindfulness con la meditación, pero meditar es sólo una forma de practicar el mindfulness. La práctica del mindfulness junto con la curación con sonido puede utilizarse para obtener resultados espectaculares.

El mindfulness puede definirse como estar plenamente consciente de todo lo que hay dentro y fuera de ti, sin emitir juicios sobre nada. Significa simplemente observar sin interrupciones.

Para ello, hay que silenciar la voz interior o, al menos, dejarla de lado. Puede parecer difícil de hacer al principio, pero se vuelve fácil cuando se tienen en cuenta un par de cosas sencillas.

- El primer punto, estar presente, parece evidente, pero puede resultar complicado si aún no estás acostumbrado.

Para ello, simplifica todo tu entorno y elimina las distracciones en la medida de lo posible. Apaga la televisión y el móvil y aparta el ordenador. Pon un cartel de "no molestar" en la puerta. Asegúrate de que todo lo que haya en tu escritorio que pueda distraer tu atención esté también en orden o guardado en un cajón. Acomoda los muebles y la decoración si tiendes a distraerte con un entorno desordenado.

- Siéntate en silencio durante uno o dos minutos antes de comenzar una experiencia de escucha, ya sea un encuentro con otra persona o una sesión de curación. Prepárate mentalmente para lo que vas a experimentar. Visualiza que vacías tu cabeza de todos los pensamientos que puedan interferir en tu plena inmersión en el material que vas a escuchar.
- Relájate con un ejercicio de respiración y liberación del estrés muscular. Centrarte en tu respiración excluyendo todo lo demás es una forma de meditación que puede ayudar a los músculos a liberar la tensión almacenada en su interior.
- Cuando empieces a prestar atención a tu respiración, lo más probable es que descubras que la misma es superficial. Las inhalaciones no suelen ir más allá de la parte superior del pecho y nunca llegan al abdomen. Esto limita la cantidad de oxígeno que llega al cuerpo.
- En cambio, la respiración diafragmática o abdominal tira de los pulmones hacia abajo y los abre para que reciban mucho más oxígeno. Esto reduce el estrés y tiene efectos beneficiosos sobre la presión arterial y el ritmo cardíaco.
- Cuando la respiración se haya hecho más profunda, puedes combinarla con la contracción de grupos de músculos, uno tras otro, antes de liberar la tensión. Muévete por todo el cuerpo y presta especial atención a

los músculos que almacenan tensión, como los hombros, el cuello y el abdomen.
- Centrarte es otra forma excelente de acceder y permanecer en el presente. Mientras respiras profundamente, toma conciencia de tu centro de gravedad físico. Suele estar justo debajo de la cintura.
- Fija toda tu atención en tu centro mientras respiras profundamente al menos otras cinco veces más. Sé consciente de que estás en equilibrio y tienes el control.
- Visualiza toda la energía negativa acumulada en tu cuerpo, concentrada en tu centro donde la controlas. Mueve la bola de energía negativa hacia tus ojos y luego empújala hacia fuera y lejos de ti. Esto te dejará tranquilo, con los pies en la tierra y felizmente presente.
- Por último, es importante tomar conciencia de las señales, o desencadenantes, que lanzan los filtros que colorean tu escucha. Una vez que puedas verlos y sentirlos, podrás evitarlos y permanecer abierto y escuchando con atención.

Nada Yoga

La tradición védica tiene algo que puede ser descrito como yoga de sonido. Se llama nada yoga.

La palabra "nada" se refiere a la vibración del sonido. En esta forma de yoga, el sonido se utiliza no sólo para curar y equilibrar el cuerpo y la mente, sino también para abrir el camino hacia el verdadero despertar espiritual.

En el nada yoga se distingue entre sonidos internos y externos.

. . .

Los sonidos externos, o ahata en sánscrito, se escuchan a través de los oídos. Se puede practicar con algo tan sencillo como escuchar música relajante no vocal y elegir las notas individuales en las que concentrarse.

La naturaleza también tiene sonidos tales como el canto de los pájaros, la lluvia o el susurro del viento en las hojas. El canto de un mantra también representa el ahata.

El objetivo es escuchar los sonidos externos de tal manera que te abran la puerta para viajar hacia el interior, hacia ti mismo.

Los sonidos internos se llaman anahata en sánscrito. Se perciben a través del anahata, o chakra del corazón.

Estos sonidos representan una música sagrada interior que es única para cada individuo. Cuando se regula la respiración y se vuelve la vista hacia el interior, estos sonidos pueden percibirse para equilibrar los cuerpos energéticos y restablecer la conexión con tu verdadero ser divino.

Algunas personas pueden oír el zumbido del propio cosmos tras un tiempo de práctica rigurosa.

Más ejercicios de Mindfulness

Para aprovechar al máximo la curación con sonido, hay que saber escuchar con eficacia. En nuestro mundo moderno y ruidoso ya no es algo automático.

Silencio

Un silencio con sentido es más que una mera ausencia de sonidos. Tiene voz propia porque las vibraciones nunca cesan. Puede ser tan terapéutico como la música o la voz.

Muchas personas han llegado a tener miedo del silencio porque es algo extraño en un mundo que nunca duerme. En un mundo occidental centrado en las actividades, permanecer en silencio se interpreta a menudo como improductivo o como un acto de pereza.

Sin embargo, las filosofías orientales y la mayoría de las religiones de todo el mundo hacen hincapié en la contemplación silenciosa. Esta nos brinda la oportunidad de reflexionar sobre lo que realmente ocurre a nuestro alrededor y en nuestro interior, algo que a algunas personas les asusta. Para alguien que está acostumbrado a estar en movimiento constantemente y produciendo resultados, estar en silencio puede sentirse como una especie de muerte, lo que nos asusta a la mayoría.

Sin embargo, la conexión con uno mismo y el hecho de volver a escuchar la voz interior resultan muy curativos. En los momentos de silencio, las verdaderas vibraciones de nuestro ser pueden hacerse oír.

El experto en sonido Julian Treasure llama a la inmersión periódica en el silencio total "recalibración" de nuestros oídos. Esta nos devuelve la conciencia de los sonidos sutiles al tiempo que nos sensibiliza de nuevo ante los sonidos que son lo suficientemente fuertes como para dañar potencialmente nuestra audición (Treasure, 2017).

Intenta experimentar el silencio durante al menos tres minutos cada día. Puede ser difícil encontrar un sitio tranquilo, pero elige un espacio con la menor cantidad de sonidos posible. Puede funcionar bien justo después de despertarte o justo antes de quedarte dormido por la noche.

Cuando medites, intenta hacerlo en silencio, concentrándote sólo en tu respiración. Aunque la música y las meditaciones guiadas pueden ser beneficiosas, sobre todo al principio, la música y la voz de un guía pueden quitarte la tranquilidad a medida que avanzas.

. . .

ASCENDING VIBRATIONS

Aislamiento de sonidos

Otra forma eficaz de practicar la escucha consciente es intentar aislar los sonidos individuales cuando se está en un entorno ruidoso, como un centro comercial.

Intenta identificar los distintos elementos que componen la "sopa" auditiva que se conoce como el ruido de los centros comerciales. Ampliar el alcance como si fuera un foco obliga al cerebro a concentrarse en el entorno inmediato, lo que ayuda a crear el hábito de estar presente y atento.

Notando la pasa de uva

Para este ejercicio, cualquier otro tipo de alimento con una textura interesante también sirve.

Toma la pasa en la mano y obsérvala muy de cerca. Fíjate en su contacto con la piel y en su peso. Fíjate en el color y en si es brillante o no.

Huele la pasa y disfruta de cualquier aroma que percibas.

Aprieta suavemente la fruta y observa cómo cambia de forma.

No juzgues nada de lo que observes durante este ejercicio, simplemente anótalo y déjalo pasar.

. . .

LA SANACIÓN A TRAVÉS DEL SONIDO PARA PRINCIPIANTES

Esta es una práctica de escucha consciente que puede potenciar tus prácticas de sanación mediante el sonido a lo largo del tiempo.

El escaneo del cuerpo

Siéntate cómodamente en una silla con los pies en el suelo o túmbate de espaldas con los pies ligeramente separados. Cierra los ojos e intenta permanecer lo más quieto posible durante todo el ejercicio.

Tranquiliza tu mente y empieza a prestar atención a todas las secciones de tu cuerpo, empezando por la parte superior y bajando hasta los pies.

Observa qué partes notas relajadas, tensas, calientes, frías, cansadas o doloridas. Toma conciencia de cómo la cama/silla y tu ropa se sienten contra cada parte del cuerpo. Observa tu respiración.

Tómate tu tiempo para estar plenamente presente en cada sensación que se produce en tu cuerpo y contra él. Esto equivale a entablar una conversación consciente con tu cuerpo en la que tú eres el oyente compasivo.

Una vez terminada la exploración, abre los ojos cuando te sientas preparado y vuelve a incorporarte.

El escaneo de la mente

El mismo principio del ejercicio anterior puede aplicarse a tus pensamientos y sentimientos. Esta es una buena manera de aprender a mantener una mente tranquila y abierta, fluyendo como el agua.

Tómate cinco minutos para imaginarte que tus sentimientos y pensamientos son como peces que se deslizan por el agua: los ves, pero no intentas atraparlos ni sujetarlos para analizarlos. Sólo constatas su existencia.

También reconoces las sensaciones que esos pensamientos y sentimientos crean en ti, pero sin intentar evaluarlos o etiquetarlos.

Observación consciente

Colócate cerca de una ventana en la que haya un paisaje exterior que observar. Puede ser la naturaleza o la acera de una ciudad concurrida, dondequiera que te encuentres.

Observa la escena tanto con la mente como con los ojos, sin nombrar cognitivamente ningún objeto. Fíjate, por ejemplo, en la textura de las hojas del árbol y en la forma en que se mueven con la brisa sin pensar en "árbol". Sólo observa.

No evalúes ni juzgues nada.

Observa si te distraes y abandona tranquilamente esos pensamientos para volver a observar.

Deja que tus sentidos hablen

Este es un ejercicio fácil y divertido para hacer especialmente con los niños, pero los adultos también se benefician mucho de él.

Haz una lista mental de cinco cosas que puedas ver, cuatro que puedas tocar y sentir, tres que puedas oír, dos que puedas oler y una que puedas saborear.

Las prácticas de escucha consciente mencionadas anteriormente, junto con la sanación mediante el sonido, constituyen una potente receta.

Sonido primordial

Las enseñanzas sobre el sonido primordial o primigenio y básico del universo se originaron hace siglos en el sistema de sabiduría védica de la India.

El filósofo contemporáneo Deepak Chopra revivió la tradición y desarrolló meditaciones utilizando el sonido primordial individual de una persona en el momento de su nacimiento como mantra. El mantra personal se calcula según las matemáticas védicas y la astrología para determinar qué sonido hizo el universo en el momento del nacimiento del individuo.

La incorporación del sonido en el mantra de meditación de la persona la pone en contacto con su sabiduría innata y su silencio pacífico, lo que la experta en meditación primordial Julie Hunt llama "el espacio de posibilidad infinita entre los pensamientos" (Hunt, 2020).

Esto se consigue cantando el mantra ohm (auhm) + sonido personalizado + m + namah. Mientras tanto, se hacen cuatro preguntas al yo, en silencio: ¿Quién soy, qué quiero, cuál es mi propósito y por qué estoy agradecido?

Al final de la meditación, se dejan en el silencio cuatro intenciones fundamentales que se envían al universo. Las mismas apuntan a tener un cuerpo alegre y enérgico, un corazón compasivo y amoroso, una mente alerta y reflexiva y una ligereza del ser (Hunt, 2020).

Beneficios de la meditación primordial

. . .

Los sonidos primordiales se consideran los sonidos más básicos de la naturaleza y, como tales, se cree que nos ayudan a desconectar del ajetreo cotidiano. Las vibraciones básicas que componen el universo pueden volver a alinear nuestras propias vibraciones con nuestro verdadero propósito y una profunda sensación de paz. Esto nos permite ser plenamente conscientes, sin cuestionamientos ni evaluaciones intelectuales, y experimentar la quietud innata que hay en todos nosotros.

Varios estudios han demostrado que la meditación tiene un efecto beneficioso sobre el estrés y los trastornos relacionados con las emociones (Goyal et al., 2014).

En otro estudio, los participantes también registraron mayores niveles de energía subjetiva y una mejora en el manejo de los conflictos (Walsh et al., 2019).

Sanación mediante el sonido para el tinnitus

La aparición de problemas en los órganos que utilizamos para oír los sonidos curativos no sólo afecta la audición. El tinnitus, que hace que una persona oiga sonidos como pitidos, silbidos, zumbidos o chiflidos que no existen, afecta a millones de personas en todo el mundo. Las estadísticas de la Asociación Americana de Tinnitus muestran que casi 20 millones de estadounidenses por sí solos padecen esta afección de forma crónica (Clason, 2019).

En la actualidad, aún no existe un tratamiento para la afección, pero la terapia de sonido es reconocida como un tratamiento exitoso. Esta funciona mediante el reentrenamiento del cerebro para que deje de notar el sonido, eliminando así la perturbación.

Los audiólogos utilizan sonidos que percibimos como neutros, como las olas en la orilla o la lluvia que cae. El sonido se reproduce continuamente a lo largo del día y poco a poco el cerebro empieza a equiparar el sonido del tinnitus con el sonido neutro. En efecto, el sonido ofensivo queda simplemente "relegado" al subconsciente. Lo importante es tener en cuenta que el volumen del sonido de fondo no debe ser tan alto como para ahogar el sonido del tinnitus. Es decir, debe coexistir con el tinnitus para que el entrenamiento tenga lugar (Clason, 2019).

Estudios científicos recientes han demostrado que este tipo de tratamiento es eficaz para una amplia gama de personas que sufren de tinnitus. Este es un excelente ejemplo de la profundidad con la que el sonido puede afectar nuestras vidas (Wang et al., 2020).

3
CREANDO MAGIA CON LA TONIFICACIÓN VOCAL

Los experimentos realizados por el médico suizo Hans Jenny en la década de 1960 para demostrar cómo el sonido puede transformar la materia sin forma en intrincados patrones son ampliamente conocidos. Jenny puso polvos, líquidos y pastas en placas de acero y las hizo vibrar con frecuencias puras generadas por un oscilador de cristal. Las fotografías que tomó de los patrones estructurados que formaron las sustancias pueden encontrarse en los dos volúmenes que escribió sobre el campo de la física que llamó cimática (Goldman & Sims, 2016).

Sin embargo, no necesitas placas ni osciladores de cristal para crear con el sonido. Lo único que necesitas es tu voz.

¿Estás preparado para experimentar el poder del instrumento musical con el que naciste?

¿Cómo funciona la tonificación vocal?

Volviendo a la premisa básica de la sanación a través del sonido, que consiste en que cada célula del cuerpo humano vibra en su frecuencia específica y que el cuerpo funciona como una unidad armoniosa cuando todas las células están en la frecuencia correcta, se deduce que la voz puede corregir los desequilibrios más fácilmente que los instrumentos externos.

Goldman y Sims hacen la observación en su libro *Sound Healing for Beginners* (2016) de que no todas las grabaciones que dicen ser de frecuencias específicas están, de hecho, en la misma frecuencia. Incluso con esta diferencia, las personas que utilizan las grabaciones informan de su éxito. Eso crea la pregunta de si todos estamos vibrando en frecuencias individuales. Si la respuesta es afirmativa, se refuerza aún más el uso de la voz en la curación. Todavía no hay una conclusión definitiva sobre este asunto.

Los cimientos

Hay que tener claro que el uso de la voz como instrumento de curación no tiene que ver con el canto. Puede ser hablando, tarareando, cantando o con simples sonidos como la respiración. No dejes que la parte vocal te desanime a probar esta increíble técnica si tienes dudas sobre tu capacidad para cantar.

Una similitud entre la tonificación vocal y el canto es que ambos se basan en la respiración consciente. La respiración puede cambiar el ritmo cardíaco y los estados cerebrales, lo que puede alterar la propia conciencia (Goldman y Sims, 2016).

Cada sesión de tonificación vocal debe comenzar prestando atención a la respiración abdominal, una técnica que se ha tratado en un capítulo anterior.

Además de inspirar y exhalar inmediatamente, también se puede mantener la respiración durante un par de segundos antes de soltarla poco a poco.

Otro excelente ejercicio de respiración es el enfoque en tres puntos. Comienza la inhalación concentrándote en el abdomen.

Mientras sientes que se llena de aire, pasa a las costillas y llena esa región de aire. A continuación, dirige tu atención a los pulmones. Cuando sientas que los pulmones están llenos de aire en un 90%, expande tu conciencia hacia la base de la garganta y la clavícula y deja que todo se expanda; deberías experimentar una agradable sensación de apertura y relajación en la base de la garganta. Mantén la respiración durante uno o dos segundos, saboreando la sensación de estar completamente lleno de aire. A continuación, exhala gradualmente relajando el diafragma.

Exhalar completamente pero de forma controlada es tan importante como inhalar completamente. En lugar de forzar la salida del aire de una sola vez, intenta dejarlo salir a la cuenta de cuatro. Una exhalación controlada favorece el trabajo vocal. A medida que te sientas más cómodo con la técnica, puedes ampliar la cuenta de exhalación hasta ocho o incluso más. La clave es que te sientas cómodo con la forma en la que lo haces.

Añadiendo sonido

Con la base de la respiración en tu haber, por así decirlo, es el momento de añadir el primer sonido a las inhalaciones y exhalaciones.

Añade cualquier sonido suave que te resulte natural. Para la mayoría de las personas, un sonido "s" al inhalar y un sonido "ah" al exhalar funcionan. Invierte los sonidos después de un par de respiraciones y observa las sutiles diferencias de energía que puedas sentir. Incluso el más mínimo cambio en el sonido puede tener una gran influencia en los campos de energía y en nuestra percepción de los mismos.

La importancia del silencio

. . .

Incorporar un breve periodo de contemplación en silencio después de cada ejercicio vocal es tan importante como el sonido en sí. Eso te da la oportunidad de asimilar el cambio que acaba de producirse y trasladarlo de tu subconsciente a tu experiencia consciente para cosechar todos los beneficios.

Ejercicio 1: Zumbido

El sonido del zumbido se dirige hacia el interior y, por lo tanto, a las personas inexpertas en materia de sonido les resulta más fácil concentrarse en él. Elige cualquier tono que te resulte cómodo, en la mitad de tu rango vocal. Recuerda siempre que la tonificación vocal no tiene que ver con la interpretación, aunque el trabajo vocal regular puede dar lugar a mejoras inesperadas en tu voz cantada y hablada.

Asegúrate de que los músculos faciales y la lengua estén relajados cuando tengas la boca cerrada. Si detectas alguna tensión, bosteza y suspira un par de veces para aflojarlos.

Haz un sonido hmmm en el tono elegido y mantenlo durante el tiempo que te resulte cómodo en una sola respiración. Observa dónde sientes la resonancia. Puede ser una sensación de cosquilleo en la nariz y en los senos de la cabeza, así como en la parte posterior de la garganta y en la parte superior del pecho.

Comienza otro zumbido pero imagina que estás haciendo un sonido ng (como en la palabra en inglés *sing*) con la boca todavía cerrada. Observa dónde sientes la resonancia ahora.

Para la siguiente ronda, imagina que estás zumbando un sonido oh y de nuevo sé consciente de hacia dónde se desplaza la resonancia.

Ahora puedes empezar a jugar con el tono. Sube y baja la escala musical tan alto y tan bajo como puedas. Como la forma de tus cuerdas vocales cambia con el cambio de tono, la resonancia se desplazará por todo tu cuerpo.

Ejercicio 2: Zumbido focalizado

Llevando el zumbido un paso más allá, céntrate en cualquier zona de tu cuerpo, como el plexo solar o la base de la columna vertebral, antes de empezar a emitir el zumbido.

Comienza a producir el sonido y observa si sientes alguna reacción en la parte del cuerpo a la que te diriges. Cambia el tono y observa si la energía se desplaza desde allí o llega a esa parte del cuerpo si el primer sonido no ha provocado ninguna reacción.

Intenta moverte por todo el cuerpo con este ejercicio, pero mantén la sesión total en cinco o diez minutos al principio, al menos hasta que te acostumbres y puedas mantener la concentración durante más tiempo.

Para potenciar aún más la fuerza del zumbido, puedes taparte ligeramente los oídos con las manos mientras emites el sonido de la forma más suave que puedas. Fíjate en que, aunque el sonido puede ser apenas detectable para las personas ajenas, la resonancia dentro de tu cuerpo puede verse amplificada.

Ejercicio 3: Voz abierta

Un ejercicio de calentamiento que los cantantes utilizan a menudo es la sirena. No es difícil de hacer y simplemente requiere que sueltes la voz, como si fueras un niño.

Empieza en el tono más bajo que te resulte cómodo y, emitiendo algún sonido como ah, desliza tu sonido hasta el tono más alto que puedas conseguir. No es necesario que sea fuerte y no debe haber ningún esfuerzo.

A continuación, invierte el sonido, pasando del tono más alto al más bajo.

Mantén el patrón de conteo utilizado en los ejercicios de respiración, inhalando a la cuenta de cuatro y soltando el sonido a la cuenta de cuatro u ocho, lo que te resulte más cómodo.

El poder de la risa

De todos los sonidos naturales que producimos, la risa es una de las vibraciones más curativas. No sólo es una liberación emocional, sino que también provoca poderosos cambios en las vibraciones energéticas. También hay pruebas científicas de los cambios físicos beneficiosos que puede provocar la risa.

Un estudio realizado por investigadores de la Facultad de Medicina de la Universidad de Maryland, en Baltimore, en 2005, descubrió que una dosis diaria de risa hace que el revestimiento interno de los vasos sanguíneos, llamado endotelio, se dilate, lo que aumenta el flujo de sangre a todos los sistemas del cuerpo. El aumento del flujo sanguíneo se traduce en mayores niveles de oxígeno, los cuales protegen el corazón, el cerebro y otros órganos a la vez que fortalecen el sistema inmunitario.

A un grupo de 20 individuos sanos, hombres y mujeres no fumadores, se les mostró 15 minutos de una película que estimulaba la risa. Se midió la dilatación de sus vasos sanguíneos de referencia antes de empezar, y de nuevo después de ver las escenas, y se encontró una dilatación significativa.

Unas horas más tarde, se volvieron a tomar las mediciones de referencia del mismo grupo de voluntarios. A continuación, se les mostró un segmento de 15 minutos de una película que les provocaba agitación mental y estrés. En esta ocasión, el endotelio mostró una constricción, que es el primer paso hacia el endurecimiento de las arterias y las enfermedades cardiovasculares.

El endotelio también segrega sustancias químicas que regulan el flujo sanguíneo y la coagulación cuando se detectan lesiones e infecciones.

El director del estudio, el Dr. Michael Miller, equiparó los beneficios observados tras la sesión de risa a los efectos del ejercicio aeróbico, pero sin el esfuerzo y los dolores (Centro Médico de la Universidad de Maryland, 2005).

Ejercicio 4: La risa

Acomódate donde no tengas que preocuparte de que los demás te escuchen y piensen que has perdido la cabeza. Empieza con una inhalación profunda y expulsa el aire con un suspiro. Vuelve a respirar y expúlsalo con una suave risita.

Continúa respirando y riendo suavemente para ti mismo. Fíjate si empiezas a sonreír y pasas espontáneamente de la risa a la carcajada real. Puede parecerte una tontería al principio, pero no pasa nada.

Cuando sientas que has terminado de reír, cálmate y tómate unos momentos para analizar si te sientes diferente.

Repite el ejercicio y exhala en los tonos que puedan diferir de tu sonido de risa natural. Haz ja, jo y je. Observa en qué parte de tu cuerpo resuenan los sonidos. El "jo" se suele sentir en la parte baja, el "ja" más en el centro y el "je" en la parte superior del cuerpo y en la cabeza.

También puedes variar el tono de cada sonido.

. . .

Termina combinando los sonidos y moviendo la resonancia hacia arriba y abajo dentro de tu cuerpo.

Sonidos de tonificación para diferentes partes del cuerpo

Algunos sonidos actúan específicamente sobre determinadas partes del cuerpo. Esto contrasta con los sonidos vocálicos, que no son específicos. Cantar un sonido vocálico y orientarlo mentalmente hacia la zona a la que quieres dirigirte funcionará igual de bien.

Aquí hay algunos ejemplos de tonos que funcionan bien para ciertos órganos (Gabriel, 2015):

Cavidades sinusales = Mmmm
Sistema reproductor = Mamm
Vejiga y riñones = Wooo
Intestino delgado e hígado = Shhh
Orejas = Nnnn
Nariz = Lemm
Corazón y músculos circundantes = Maaa Intestino grueso y pulmones = Ssss
Estómago = Paam
Garganta y laringe = Kaa-Gaa-Gha Mandíbula y dientes = Yaa-Yuu-Yii Músculo del diafragma = Haaa
Ojos = Eemm
Despertarse y energizarse = Uu-Ah-Ee-Mm
Relajarse, prepararse para ir a la cama = Mm-Ee-Ah-Uu

Sanación y limpieza de los chakras

Los chakras son centros energéticos giratorios situados en varios puntos del cuerpo. Hay siete y se cree que cada uno de ellos está relacionado con órganos y conjuntos nerviosos específicos. Es importante mantenerlos en equilibrio para una óptima salud emocional y física (Stelter, 2016).

El primer chakra: la raíz

Situado en la base de la columna vertebral, se asocia con la conexión a tierra y la identidad física. Su color es el rojo.

Los desequilibrios en este chakra pueden hacer que una persona se sienta emocionalmente inestable y experimente sentimientos de inseguridad sobre su capacidad para satisfacer sus necesidades básicas. En el plano físico, un desequilibrio de la raíz se asocia a problemas como el estreñimiento, las infecciones del tracto urinario y la artritis (Stelter, 2016).

El segundo chakra: el sacro

El centro energético sacro está situado justo debajo del ombligo y por encima del hueso púbico. Se asocia con el color naranja, así como con la salud sexual, la creatividad y la capacidad de experimentar placer en general.

Los problemas de dolor lumbar, infertilidad e impotencia pueden ser consecuencia de un desequilibrio sacro. En el aspecto emocional, la imagen de uno mismo y nuestros sentimientos de autoestima, sobre todo en lo que se refiere a experimentar placer a todos los niveles, pueden sufrir si este chakra no está equilibrado (Stelter, 2016).

El tercer chakra: el plexo solar

Se encuentra en la zona del estómago, en la parte superior del abdomen, y el color asociado es el amarillo. Rige la confianza y la experiencia del poder personal.

Si el chakra del plexo solar está mal alineado, puede provocar sentimientos de impotencia y una mentalidad de víctima. Desde el punto de vista físico, pueden producirse úlceras, indigestión y trastornos alimentarios (Stelter, 2016).

El cuarto chakra: el corazón

El chakra asociado con el amor y la compasión se encuentra en el centro del pecho, justo encima del corazón. Su color es el verde.

Un desequilibrio en el chakra del corazón puede manifestarse en personas que anteponen las necesidades de los demás a las suyas propias hasta el punto de perjudicarse a sí mismas. También representa la conexión con otras personas, ya que se encuentra en el centro de los siete chakras. Un desequilibrio puede provocar sentimientos de aislamiento e inseguridad. Desde el punto de vista físico, los problemas cardíacos, el asma y el aumento de peso están asociados al chakra del corazón (Stelter, 2016).

El quinto chakra: la garganta

. . .

Con su color azul vibrante, representa la comunicación verbal y los órganos asociados, como la boca, los dientes, las encías y las cuerdas vocales.

Un bloqueo o problema de equilibrio puede manifestarse en problemas físicos en estas áreas, así como en una comunicación vacilante o maliciosa (Stelter, 2016).

El sexto chakra: el tercer ojo o ceja

Se encuentra entre los ojos y el color asociado es el índigo. Representa la imaginación y la intuición, así como las condiciones físicas de la cabeza.

Un bloqueo puede manifestarse a través de dolores de cabeza, problemas en los ojos o en los oídos. Las personas que están fuera de contacto con su intuición, o que parecen vivir en su propio mundo donde "lo saben todo", pueden estar sufriendo un problema con el sexto chakra (Stelter, 2016).

El séptimo chakra: la corona

La conciencia espiritual y la inteligencia están asociadas a este chakra. Su color es el violeta o el blanco.

El chakra corona enlaza los demás chakras y se asocia con el sistema nervioso y el cerebro.

Las personas que se aferran obstinadamente a puntos de vista estrechos o que van sin rumbo por la vida, buscando siempre su verdadero propósito, podrían tener un desequilibrio aquí (Stelter, 2016).

. . .

Ejercicio 5: El rol del sonido

Hay dos formas de sanar los chakras y eliminar los bloqueos mediante el sonido. Puede hacerse con la voz o con diapasones.

A cada chakra se le asocia una vocal diferente y la voz puede cantar el sonido vocálico específico para equilibrar dicho chakra.

Para encontrar el tono de cada chakra, utiliza la misma técnica aplicada anteriormente en los ejercicios de resonancia. Elige un tono y siente si resuena en la región donde se encuentra el chakra en cuestión. Si no es así, sube o baja el tono hasta que sientas que la energía se mueve en el lugar correcto. Una regla general es que los chakras inferiores vibran con tonos más bajos.

No es necesario cantar en voz alta.

Enfoca tu intención de equilibrar y limpiar el chakra específico en tu voz. Siéntate cómodamente y mantén la columna vertebral lo más recta posible para permitir que la energía se mueva libremente.

Entona suavemente cada sonido siete veces con la respiración, sin forzar absolutamente nada.

- La raíz: El sonido es un "uuh" profundo y gutural, como en la palabra "duck" (pato) en inglés.
- El sacro: El sonido es "ooh", como en la palabra "do" (hacer) en inglés.
- El plexo solar: El sonido es "ohh", como en la palabra "low" (bajo) en inglés.
- El corazón: El sonido es "aah", como en la palabra "ta" (exclamación en inglés).

- La garganta: El sonido es "eye", como en la palabra "rye" (centeno) en inglés.
- El tercer ojo o ceja: El sonido es "ay", como en la palabra "bay" (bahía) en inglés.
- La corona: El sonido es "eee", como en la palabra "bee" (abeja) en inglés.

En lugar de utilizar las vocales de equilibrio, también se pueden cantar los mantras de los chakras bija o semilla. Cada chakra tiene su propio bija mantra que representa el momento primordial de la creación.

- La raíz: El sonido es "lam".
- El sacro: El sonido es "vam".
- El plexo solar: El sonido es "ram".
- El corazón: El sonido es "yam".
- La garganta: El sonido es "ham".
- El tercer ojo o ceja: El sonido es "aum".
- La corona: El sonido es "om".

Después, siéntate en silencio durante al menos 10 minutos para experimentar el flujo de energía. Si te sientes mareado al levantarte, haz un "aah" para bajar la energía al corazón y luego un "ooh" para volver a conectarte a tierra correctamente (Wakeling, 2007).

Equilibrar los chakras con diapasones requiere un conocimiento más especializado y suele ser realizado por profesionales cualificados en la sanación a través del sonido. Los chakras corresponden a frecuencias específicas y los diapasones tienen que colocarse en el chakra que se está tratando en intervalos y combinaciones particulares.

Esto interactúa con lo que se conoce como el biocampo de una persona. El término biocampo se refiere a la suma del cuerpo energético que rodea a todo ser humano. El término fue acuñado en 1992 por investigadores y profesionales de la Oficina de Medicina Alternativa de los Institutos Nacionales de Salud de EE.UU., que ahora es el Centro Nacional de Medicina Complementaria y Alternativa (Rubik et al., 2015).

Cuando el cuerpo de una persona está en equilibrio, todas las frecuencias están en armonía. Un órgano o sistema desequilibrado supone una disonancia en este mundo armónico. Con la ayuda de los diapasones, la parte disonante del cuerpo se devuelve suavemente a la frecuencia correcta y la sensación de malestar desaparece.

Los chakras se corresponden con las mismas frecuencias Solfeggio que se trataron en un capítulo anterior (Weller, 2020).

- La raíz: 396 Hz.
- El sacro: 417 Hz.
- El plexo solar: 528 Hz.
- El corazón: 639 Hz.
- La garganta: 741 Hz.
- El tercer ojo o ceja: 852 Hz.
- La corona: 963 Hz.

Sanación con sonidos chamánicos e instrumentos

Los rituales y sonidos utilizados por los chamanes de todo el mundo aportan otra dimensión a la curación. El objetivo de una ceremonia chamánica es alterar la conciencia, poniendo a la persona en un estado de trance en el que puede producirse la sanación y el equilibrio, y se crea una apertura para recibir la sabiduría y las respuestas a las preguntas específicas que la persona pueda tener. El propio chamán también entra en trance y viaja a otros mundos.

Para ello, se utilizan diversos instrumentos como tambores, sonajas y didgeridoos australianos, además de emplear la voz del chamán y a veces también la del cliente, dependiendo de si se trata de una sesión activa o pasiva.

La percusión chamánica es quizás la más conocida. Los investigadores han descubierto que el tamborileo rápido de unos 220 golpes por minuto es un vehículo para poner a una persona en trance. El rango de frecuencia se correlaciona con las ondas cerebrales theta, de 3 a 8 Hz (Gingras et al., 2014).

Goldman y Sims explican el efecto de la percusión en términos de lo que se denomina conducción auditiva. Tocar el tambor estimula el sistema de activación reticular (SAR) del cerebro. La función principal del SAR es regular la actividad eléctrica en el cerebro. Después de un tiempo de tamborileo fuerte y repetitivo, el SAR se ve abrumado y todos los demás estímulos son ignorados. Eso libera la mente del chamán para viajar a otros mundos y comunicarse con seres espirituales y animales (2016).

Ejercicio 6: Usando tu voz como un tambor

Puede que no sea posible asistir a una sesión con un chamán, pero puedes crear el mismo estado cerebral beneficioso para ti utilizando tu voz.

Para imitar el sonido de un tambor, puedes empezar con un sonido "kuh", como en la palabra "cup" (taza) en inglés. Inhala cómodamente y exhala con el sonido "kuh". Mantén el ritmo inicial a un compás por segundo hasta que encuentres tu sentido innato del ritmo. Acelera gradualmente hasta alcanzar un ritmo rápido, manteniéndolo durante un minuto aproximadamente. Observa cualquier diferencia de energía que puedas sentir.

Vuelve a reducir la velocidad a un compás cada dos o tres segundos. Mantén esto también durante un minuto y sé consciente de que tu sistema nervioso y tus latidos se ralentizan siguiendo el ritmo.

Puedes repetir el ejercicio con un sonido "boom" y notar si te hace sentir más conectado a la tierra en contraste con el efecto energizante del sonido "kuh".

4
DE LA CONTAMINACIÓN A LA PANACEA

La vida moderna ofrece muy pocas oportunidades para la quietud y el tiempo de silencio de calidad si no lo buscamos a propósito. Los sonidos cotidianos a los que estamos expuestos constantemente suelen ser más perjudiciales para nuestra salud de lo que creemos, tanto por su volumen como por su esencia.

Los televisores a todo volumen, los ordenadores que pitan y los teléfonos inteligentes con una gran variedad de tonos de llamada exigen la atención continua de nuestro cerebro. Esto crea una situación de estrés en el cuerpo.

Contaminación acústica

La contaminación acústica puede describirse como cualquier ruido que percibimos como una intromisión en nuestros pensamientos y actividades. Puede ser tan fuerte como una discoteca cercana o tan suave como la conversación audible de las personas sentadas en la mesa de al lado en el restaurante.

Un par de sonidos han sido identificados como los principales culpables de un importante impacto negativo en la salud de las personas. Hablamos de los aviones, el tráfico, los lugares de trabajo ruidosos y los sonidos domésticos incesantes (Scott, 2020).

Niveles de sonido saludables

El oído humano puede resultar dañado por un sonido muy fuerte o por sonidos que, durante un periodo de tiempo, son continuamente más altos de lo que los científicos han determinado como un rango seguro para proteger la audición.

El sonido se mide en decibelios (dB). La respiración mide unos 10 dB, un susurro unos 30 dB y una conversación normal entre 55 y 60 dB.

Cuando el nivel de sonido sube a 70 dB, como en el caso de una lavadora o un lavavajillas, pueden empezar a aparecer ligeras molestias. El ruido del tráfico en el interior de un coche puede llegar a los 85 dB, lo que resulta bastante molesto para los ocupantes del vehículo.

Cualquier sonido superior a 70 dB que se mantenga durante mucho tiempo puede causar daños permanentes en la audición de alguien.

La exposición al sonido de un motor de motocicleta funcionando a toda velocidad y midiendo unos 95 dB puede causar cierta pérdida de audición después de sólo 50 minutos. Sólo 15 minutos de escucha de un sonido a 100 dB, como el de un metro o un tren que se aproxima, puede causar daños.

Los niveles de sonido en locales como bares y discotecas pueden llegar a los 110 dB y después de sólo dos minutos de exposición ya puede producirse cierta pérdida de audición.

Cualquier sonido superior a 120 dB causará dolor inmediato y lesiones en el oído, lo que puede provocar una pérdida de audición permanente (Centro Nacional de Salud Ambiental, 2019).

Los efectos de la contaminación acústica

La Organización Mundial de la Salud (OMS) considera que la contaminación acústica es la segunda amenaza medioambiental más peligrosa para la salud humana, justo por detrás de la contaminación atmosférica. La Agencia Europea de Medio Ambiente (AEMA) calcula que la exposición a largo plazo a niveles elevados de ruido ambiental provoca anualmente en Europa 12.000 muertes prematuras y 48.000 nuevos casos de cardiopatía isquémica. También señalan al ruido como responsable de más de 72.000 hospitalizaciones por diversas causas cada año sólo en Europa (AEMA, s.f.).

El impacto negativo del ruido excesivo radica en el hecho de que aumenta nuestros niveles de estrés, aunque sea de forma subconsciente. Esto desencadena la liberación de hormonas del estrés, como el cortisol. Aunque el cortisol es esencial en procesos corporales como el de metabolizar la glucosa, la secreción de insulina y la regulación de la respuesta inmunitaria, se ha demostrado muchas veces que los niveles elevados y sostenidos de esta hormona son perjudiciales para el cuerpo humano.

Las señales de advertencia de niveles perjudiciales de cortisol incluyen problemas de azúcar en la sangre, presión arterial elevada, niebla cerebral, aumento de la grasa abdominal, supresión de la función tiroidea, curación lenta de las heridas y baja inmunidad (Scott, 2021).

En circunstancias normales, el "interruptor de apagado" del cuerpo se activa después de que haya pasado un factor de estrés agudo y la producción de cortisol vuelve a disminuir. Cuando el estrés es crónico, como en el caso del ruido ambiental, la señal desestresante no tiene la oportunidad de activarse.

Aviones

El sonido del motor de un avión de pasajeros moderno puede alcanzar hasta 140 dB durante el despegue.

Un estudio realizado por varios científicos europeos reveló que el ruido de los aviones puede causar importantes problemas de salud. Además de perturbar el sueño y dificultar el rendimiento académico de los niños, las personas que viven cerca de los aeropuertos son vulnerables a las enfermedades cardíacas, a la elevación de la presión arterial, a la obesidad debida al aumento de las hormonas del estrés y a un menor peso en los recién nacidos.

Desde el punto de vista psicológico, las personas se quejaron de una mala calidad de vida, ansiedad y depresión (Basner et al., 2017).

Un estudio australiano comparó el efecto de la contaminación acústica causada por los aviones en la memoria y el recuerdo con los efectos de beber demasiado alcohol. Tras ser expuestos a un ruido de avión simulado a 65 dB, las puntuaciones de los participantes en un ejercicio de recuerdo auditivo mostraron el mismo deterioro que después de que a se les administrara alcohol en condiciones controladas hasta que su concentración de alcohol en sangre midiera 0,10 (Molesworth et al., 2013). Este nivel es el doble del límite legal impuesto en muchos países para conducir un coche.

Los pasajeros del interior de las cabinas de los aviones tampoco están a salvo de la posible contaminación acústica. Durante una evaluación de los niveles de ruido dentro de una serie de aviones de pasajeros modernos, se encontró que el nivel medio de sonido era de 83,5 dB. El rango completo de sonido medido estaba entre 37,6 dB y 110 dB y la exposición variaba según la posición de los asientos. Estar más cerca de los motores, como en los asientos alineados con las alas, agravaba la situación (Zevitas et al., 2018).

Tráfico

La OMS clasifica el tráfico rodado y ferroviario como la segunda forma de contaminación ambiental más perjudicial. Sólo la contaminación atmosférica se considera peor (AEMA, s.f.).

Las respuestas de estrés provocadas en el cuerpo por el ruido del tráfico ni siquiera se apagan o disminuyen durante el sueño. Los motores de los vehículos, los neumáticos y las superficies de la carretera se combinan para ofrecer un bombardeo constante de niveles sonoros superiores a los 55 dB. Esto ha llevado a una empresa tecnológica danesa a describir el ruido del tráfico en uno de sus informes, de forma bastante acertada, como una muerte lenta (Finne & Petersen, s.f.).

En otro estudio realizado en Dinamarca, se descubrió que el riesgo de desarrollar hipertensión arterial aumentaba en un *6%* cuando los niveles de ruido experimentados en el hogar se incrementaban en 10 dB. El riesgo de sufrir un ictus aumentó un 11% (Sørensen et al., 2013).

Lugares de trabajo

Además de las imágenes obvias de las obras de construcción y las fábricas que se nos vienen a la mente, otros entornos de trabajo pueden ser igual de perjudiciales en cuanto a los niveles de sonido experimentados.

Los síntomas de los problemas relacionados con el ruido

pueden incluir dolores de cabeza frecuentes, irritabilidad persistente sin causa aparente, aumento del estrés, mareos, aumentos inexplicables de la presión arterial y/o del ritmo cardíaco, errores y accidentes de trabajo frecuentes y poco habituales y problemas para discernir las palabras de alguien cuando hay otros sonidos. Además, el uso de tapones para minimizar las distracciones puede provocar una disminución de la productividad debido a incidentes como no poder atender las llamadas telefónicas.

Los trabajadores de oficina que escuchan su propia música a través de auriculares podrían dañar aún más su audición si el volumen está demasiado alto durante mucho tiempo.

El modelo de oficina abierta es muy popular en las grandes oficinas, pero podría ser perjudicial para los empleados. Una oficina muy concurrida puede alcanzar fácilmente un nivel sonoro de 50 dB. Esto no sólo distrae, sino que también puede aumentar significativamente los niveles de estrés y los riesgos para la salud que los acompañan.

Hogares y centros comerciales

Los niveles de ruido en el exterior también pueden aumentar los niveles en el interior. Por ejemplo, cada vez es más difícil disfrutar de la música o escuchar una conversación telefónica cuando el tráfico ruge al otro lado de la ventana.

Un estudio francés realizado en los hogares de 44 escolares durante ocho meses descubrió que estaban expuestos a sonidos constantes como los de los televisores, la música, los equipos de limpieza, los utensilios y equipos de cocina, los sistemas de ventilación, los congeladores y las mascotas. El efecto combinado hizo que el nivel sonoro global de los hogares fuera varias veces superior, durante un periodo de 24 horas, al nivel recomendado por la Agencia Europea de Medio Ambiente (Pujol et al., 2014).

Los efectos en los animales

El reino animal también sufre las consecuencias de nuestra ruidosa civilización. Muchos estudios geográficos han mostrado una disminución de los nacimientos de muchas especies en entornos ruidosos.

Las ballenas y los delfines también se ven muy afectados por el ruido oceánico causado por el tráfico de barcos, las perforaciones petrolíferas, los equipos de sonar y las pruebas sísmicas (National Geographic Society, 2019).

Cómo revertir esta situación

Es imposible evitar o detener todos los sonidos excesivamente fuertes, así que tenemos que aprender a vivir con ellos y hacer que nos favorezcan siempre que podamos.

Limita el ruido

La primera solución, y probablemente la más obvia, sería limitar la cantidad de ruido que llega a nuestro entorno vital y laboral.

Las medidas físicas para conseguirlo pueden incluir la instalación de cristales dobles en las ventanas, la aplicación de burletes en puertas y ventanas, la adición de aislamiento en los techos y la instalación de paneles de insonorización en las zonas de trabajo y de descanso, por no decir en toda la casa u oficina. Sin embargo, estos métodos son costosos y pueden ser bastante invasivos y perturbar la rutina laboral y doméstica durante su instalación.

Vuelve a empezar

A veces, la única solución será alejarse del trabajo o de la zona con niveles de ruido inaceptables.

Aunque es una medida drástica, vale la pena considerarla si te es posible. Podría resultar ser el mejor regalo que te hayas hecho en mucho tiempo.

Controla los daños

No siempre podemos controlar nuestro entorno y la cantidad de ruido que tenemos que soportar a diario. Afortunadamente, hay formas de limitar el daño y revertir los efectos perjudiciales para recuperar el equilibrio mental y la armonía interior.

Dedica tiempo a la meditación y haz algunos estiramientos de yoga. Recuerda respirar profunda y tranquilamente, sobre todo cuando detectes estrés en cualquier parte de tu cuerpo. Si te tomas un minuto para hacer un ejercicio de respiración, conseguirás cambios sorprendentes y rápidos.

Combina la meditación con un mantra o un canto cuando puedas para equilibrar tus vibraciones y hacer que tu cuerpo y tu mente vuelvan a estar en armonía. Utiliza los sonidos buenos para contrarrestar los malos.

Reemplaza el ruido

. . .

Llena tu espacio de trabajo y vivienda con sonidos relajantes para anular el ruido. Hay varias fuentes online en las que puedes encontrar paisajes sonoros de la naturaleza de forma gratuita. Ríos que corren, olas oceánicas que retumban, hojas que crujen, fogatas que chisporrotean... Cualquier combinación de sonidos que resuene en ti estará disponible para ser reproducida e incluso descargada, y esto únicamente con el coste de los datos.

Los ruidos blancos, rosas, marrones y azules también se pueden encontrar en abundancia en Internet y en aplicaciones móviles.

Tampoco hay que olvidar el fiel par de auriculares para reproducir tu música favorita. Sólo recuerda mantener el volumen lo suficientemente bajo como para proteger tu audición.

Aumenta la creatividad con el volumen

En un experimento realizado en 2012, un grupo de científicos descubrió que las personas que realizaban tareas específicas con una banda sonora que sonaba de fondo a un nivel constante de 70 dB rendían mejor que las que trabajaban en completo silencio. Ese es el mismo nivel de sonido que se encuentra en una típica cafetería o restaurante muy concurrido (Mehta et al., 2012). Los volúmenes inferiores o superiores a los 70 dB tampoco condujeron a un buen rendimiento.

Parece que los niveles de sonido tienen un punto favorable en lo que respecta a la creatividad y, si lo aprovechamos, los sonidos que podrían considerarse contaminación acústica pueden resultar beneficiosos para nosotros.

La ciencia que subyace a esta idea comenzó en la década de 1950, con un psicólogo llamado J. P. Guilford. Él distinguió entre los procesos de pensamiento divergente y convergente para llegar a una solución creativa de un problema.

Durante la fase divergente, se examinan todas las posibilidades.

Cuando se elige la mejor, la fase convergente se centra en ella y la hace tomar forma.

A veces nuestros procesos creativos parecen fracasar porque nos saltamos la fase divergente o no consideramos suficientes opciones diferentes. Ahí es donde entra en juego un entorno sonoro de 70 dB: El sonido es suficiente para evitar que nos concentremos tan intensamente en un problema que reduzcamos el campo antes de que tenga la oportunidad de desarrollarse.

Sin embargo, el tipo de sonido es importante. Sólo los flujos constantes de sonidos familiares mezclados estimularán nuestros procesos cognitivos creativos, como una charla indistinta o las olas del mar. Las conversaciones telefónicas unilaterales e incluso el ruido blanco o rosa no servirán.

Estos tipos de sonidos suelen ser más graves que las voces aisladas o los teléfonos, por lo que percibimos las vibraciones como más relajantes, estimulando así nuestra creatividad.

Utiliza la transmutación sónica

El concepto de transmutar algo implica que un sonido se convierta en otra cosa, algo que sea útil en lugar de molesto.

Los antiguos egipcios ya entendían este principio cuando construyeron las pirámides. Estas fascinantes formas triangulares que han hipnotizado a la gente desde entonces parecen haber sido utilizadas para algo más que lugares de enterramiento.

Además de ser lugares para enviar a los reyes difuntos al más allá con todo lo que necesitaban, los arqueólogos creen que el diseño de las pirámides también se utilizaba para beneficiar a los vivos.

Los experimentos científicos realizados en la Gran Pirámide de Giza, que se construyó como tumba para el faraón Khufu, demostraron que el diseño de la pirámide podía recoger ondas electromagnéticas y concentrarlas en puntos específicos. Este hecho, unido a las cualidades altamente resonantes de las paredes debido al alto contenido de cuarzo en la piedra caliza, ha llevado a algunos científicos a concluir que las pirámides también se utilizaban como lugares de curación, quizá durante los rituales de culto (Balezin et al., 2018).

Los egipcios pensaban que siete de sus sonidos vocálicos eran sagrados. Durante los rituales, los sacerdotes cantaban estas vocales en una armonía convergente que reverberaba en las paredes de estructuras como las pirámides.

El investigador de física acústica John Stuart Reid realizó un experimento de cimática a finales de la década de 1990 para demostrar el poder de resonancia de la Gran Pirámide utilizando un oscilador y una disposición de altavoces que imitaba el canto de las vocales de los sacerdotes.

Muchas de las imágenes que observó en los patrones formados por los cristales de cuarzo que utilizó en su experimento se parecían a los jeroglíficos egipcios. Esto llevó a Reid a conjeturar que la escritura antigua también incorporaba armonías.

Basándose en este experimento y en otros que le siguieron, los egiptólogos creen que las medidas y los ángulos sobre los que se construyeron las pirámides se diseñaron para producir la máxima resonancia para los sonidos de los cánticos. Los rituales se utilizaban para curar y, tras la muerte, enviar el cuerpo del rey a las estrellas para renacer.

Los patrones contenidos en los jeroglíficos se transmitieron a lo largo de los años pero, lamentablemente, perdimos el conocimiento de las armonías que los acompañaban (Cymascope, s.f.).

Cristales

. . .

Los cristales pueden ser una gran ayuda para revertir el ruido. Existen cientos de tipos diferentes, cada uno con su propia vibración y área de beneficio.

Las piedras preciosas se han utilizado desde la antigüedad para curar enfermedades y calmar mentes perturbadas. Cuando el poder de los cristales se amplía con el sonido, se vuelven aún más eficaces.

Una breve historia

Los cristales son mencionados por primera vez por los sumerios. Los sumerios fueron un antiguo pueblo mesopotámico al que se le atribuye el inicio de la vida civil en la forma en que los humanos modernos entendemos una civilización. Ellos utilizaban varios cristales en sus fórmulas para procesos mágicos y pociones.

Los egipcios daban mucha importancia al poder de piedras como el lapislázuli, la turquesa, la esmeralda y la cornalina. Las utilizaban como joyas y también para tratar a los enfermos. Las piedras verdes se consideraban símbolos del corazón de un difunto y se utilizaban en los rituales funerarios.

Los antiguos griegos conocían y utilizaban varias piedras preciosas. Muchos de los nombres de las piedras preciosas que conocemos hoy son de origen griego. Ellos utilizaban las piedras para protegerse y curarse.

El jade era valioso en la antigua China y los emperadores y otras personas poderosas eran a veces enterrados con armaduras hechas de jade.

La tradición de considerar las piedras verdes como un elemento de la buena suerte continúa hasta hoy en algunas partes del mundo, como por ejemplo en Nueva Zelanda.

La mayoría de las religiones también utilizan y valoran las piedras preciosas de alguna forma. Su importancia ha aumentado y disminuido con las tendencias de la sociedad y los avances científicos.

En la década de 1980, el interés por las filosofías New Age aumentó y las piedras preciosas y los cristales se redescubrieron como herramientas de curación y apoyo emocional. La ciencia médica convencional todavía no acepta la terapia con cristales como una herramienta curativa válida, pero muchas personas la utilizan para mejorar su vida y su salud.

¿Cómo funcionan?

Los cristales, como cualquier otra parte del universo, vibran en frecuencias específicas que les confieren su composición física y su aspecto. Algunas frecuencias son las mismas que las de algunos de nuestros órganos y emociones y, al potenciar una vibración positiva, se cree que se pueden curar las enfermedades y equilibrar y calmar las emociones.

Los sanadores se ven a sí mismos como meros conductores de las vibraciones curativas, canalizándolas hacia la persona que recibe la terapia.

Las raíces de la terapia con cristales se encuentran en la cultura china e india, con los conceptos del qi y los chakras.

Limpiando y recargando tus cristales con sonido

Se cree que la mayoría de los cristales absorben la energía negativa que eliminan del cuerpo y la mente, así como toda la energía que los rodea cuando son transportados o almacenados. Hay que limpiarlos de vez en cuando para que sigan siendo beneficiosos para la sanación.

Hay varias formas de hacerlo, pero no todas funcionan para todos los cristales. La limpieza y carga con sonido es un método que será efectivo en cualquier tipo de cristal.

No es difícil de hacer y los cristales no se dañarán. Se puede utilizar cualquier objeto resonante que pueda mantener el tono durante diez minutos o más, como los diapasones y los cuencos cantores.

Los cuencos cantores son muy adecuados para esto porque su alto contenido en cobre garantiza la continuidad de su tono durante todo el tiempo que se utilicen. Si se colocan sobre un cojín, el sonido de campana se prolonga aún más.

La purificación con los cuencos es una forma práctica de limpiar toda una serie de cristales a la vez, o de limpiar y cargar cristales grandes que no se pueden mover fácilmente.

El tamaño del cuenco no es tan importante. Los cuencos más pequeños emiten un sonido más agudo que los grandes, pero ambos lados del espectro sonoro harán el trabajo adecuado.

Asegúrate de no comprar cuencos decorados o pintados. La pintura oculta el cobre y opaca o incluso cambia el sonido. También hará que el sonido se detenga rápidamente en lugar de continuar su timbre durante algún tiempo después de haber sido golpeado con la varilla de madera especial. Si el cuenco está hecho del metal incorrecto o de la composición incorrecta de los metales, el timbre también se detendrá rápidamente y el sonido podría ser más similar al de golpear una cacerola normal con una cuchara de madera.

Dispón tus cristales alrededor del cuenco pero nunca los pongas dentro. Los movimientos causados por la vibración del cuenco harán que las piedras se golpeen contra el interior metálico del cuenco y entre sí. Esto puede astillar o dañar los cristales, especialmente los más blandos o frágiles.

. . .

Limpiando los cristales más pequeños con un cuenco cantor

- Coloca el cuenco sobre su cojín después de asegurarte de que el cojín esté apoyado en una superficie dura y estable.
- Dispón los cristales a limpiar y recargar alrededor del cojín. Asegúrate de que ninguna piedra toque el cuenco. Golpea suavemente el exterior del cuenco con el palo de madera para que empiece a sonar.
- Frota el exterior del cuenco con el palo de madera en el sentido de las agujas del reloj para mantener el sonido. Aplica un poco de presión al frotar, pero hazlo con suavidad.
- Mantén en mente tu intención de purificar y recargar los cristales mientras continúas frotando.
- Si lo deseas, puedes amplificar el sonido resultante tarareando con él.
- Sigue frotando hasta que sientas que tu intención ha sido comunicada.

Limpiando las piedras más grandes con un cuenco cantor

- Colócate lo más cerca posible de tus cristales.
- Sujeta el cuenco con la palma plana de tu mano no dominante.
- Si es posible, mantén la mano con el cuenco sobre los cristales o justo al lado de ellos.

- Toma el palo de madera con la otra mano y golpea suavemente el lado del cuenco para iniciar el sonido.
- Sigue el resto de los pasos indicados en la sección anterior.

Recargando y resintonizando tus cristales con diapasones

El mismo efecto sonoro puede crearse utilizando un diapasón de buen tamaño. El sonido debe ser lo suficientemente fuerte como para penetrar en la estructura del cristal y mover sus moléculas y realinearlas con sus poderosas vibraciones.

La nota específica que se golpee no importa, siempre y cuando sea lo suficientemente fuerte y se pueda mantener mientras envías tu intención a los cristales.

- Si quieres recargar tus cristales con una frecuencia específica, puedes considerar el uso de lo que se conoce como afinador de cristales. Es un diapasón diseñado para resonar a 4.096 Hz. Se dice que esta es la frecuencia del cuarzo y de la tierra. Los adeptos a los afinadores de cristales creen que la frecuencia pura crea un puente entre las energías del cielo y de la tierra cuando el afinador que resuena hace contacto con un cristal.

Golpea el diapasón suavemente en tu mano, sobre una superficie dura o con un mazo de goma para que empiece a sonar. Mantén el diapasón resonante sobre el cristal que estás resintonizando durante el tiempo que consideres necesario mientras le envías tu clara intención.

. . .

ASCENDING VIBRATIONS

Recargando cristales con tingshas

Los tingshas tibetanos son conjuntos de pequeños platillos de cobre unidos por una correa de cuero. Los budistas los han utilizado durante siglos como ayuda tradicional en oraciones y ceremonias.

Los tingshas emiten un sonido agudo que puede mantenerse durante bastante tiempo. La etimología del nombre hace referencia a su poder de sostenimiento: "ting" imita el sonido del metal, mientras que "sha" significa "colgado" en la lengua tibetana.

Resintonizando tus cristales con la tonificación vocal

La tonificación vocal no necesita una nota alta. Sólo necesitas un sonido sostenido con cierto grado de volumen audible para mover las moléculas del cristal. Cuanto más alto sea el tono, más rápido vibrarán las moléculas para acelerar el proceso.

Sostén el cristal que vas a sintonizar frente a tu boca y respira con el diafragma de forma profunda y relajada. Imagina que estás inhalando algo con el poder de purificar y energizar. Dale una forma y un color a esta energía purificadora.

Exhala la energía purificadora lentamente sobre el cristal, llevándola en tu voz en cualquier tono que te resulte cómodo. No pienses en la nota antes de cantarla, acepta la nota que te salga naturalmente en ese momento y sostenla en tu exhalación todo lo que puedas.

Visualiza tu voz y el sonido purificador envolviendo el cristal.

. . .

Sigue tonificando hasta que te sientas inclinado a subir o bajar el tono. Cuando se produzca ese cambio, sabrás que el cristal está resintonizado y listo.

El poder de la música y la voz

Nunca subestimes el poderoso efecto que puede tener tu propia voz y las vibraciones que su sonido crea (que son como firmas de tu verdadero yo) cuando se utiliza con intenciones puras.

Ya sea que cantes, hables o corees, tu intención de recargar y realinear el cristal contigo mismo y tus necesidades hace la diferencia.

Incluso el simple hecho de cantar tu música favorita con un corazón alegre y puro puede lograr todo lo que tus cristales necesitan. No todos tenemos el talento o el tiempo disponible de los monjes; utiliza lo que tienes y hazlo con entusiasmo y pureza.

Una visualización de reprogramación para los cristales

En este ejercicio de visualización, la palabra hablada se combina con la intención para crear una resintonización sencilla de tus cristales.

- Colócate bajo la luz natural, en el exterior o junto a una ventana.
- Sostén el cristal que vas a recargar en tu mano izquierda. Tu lado izquierdo es el lado receptor de tu cuerpo. Si lo deseas, puedes poner música en una frecuencia de tu elección de fondo. Si tu propósito es destinar la piedra a

un uso específico, puedes elegir la frecuencia que potencie ese aspecto de la vida.
- Respira profunda y tranquilamente durante un par de segundos para centrarte, siempre sin dejar de ser consciente del peso y las sensaciones que produce el cristal en tu mano.
- Mientras contemplas el cristal con amor y gratitud, di en voz alta: "Dedico este cristal a ser utilizado para mi mayor bien y mis verdaderos propósitos. Doy la bienvenida a su energía en mi vida. Pido recibir su amor y su luz."
- Si quieres que el cristal te ayude con algo específico, forma esa intención en tu mente y habla en voz alta en dirección al cristal. Puede ser cualquier cosa, desde abrir tu corazón hasta encontrar un compañero de vida o ayudarte a sanar una enfermedad.
- Termina diciendo en voz alta: "Dedico este cristal a... (tu propósito elegido para la piedra)."
- Si te resulta práctico, puedes llevar el cristal reprogramado contra tu cuerpo durante siete días para asentar la nueva energía. Los cristales más grandes deben tocarse regularmente durante la semana siguiente a la visualización.

Meditación de limpieza para cristales

Para esta meditación, puedes poner tus cristales en tu regazo o simplemente visualizarlos en el ojo de tu mente.

Siéntate cómodamente con los pies uno al lado del otro en el suelo, los tobillos sin cruzar y los brazos y las manos descansando tranquilamente en tu regazo.

Si tienes cristales en el regazo, puedes apoyar las manos sobre ellos si lo deseas.

Pon un paisaje sonoro de tu elección de fondo o utiliza *música en la frecuencia de transformación universal de 528 Hz.*
Cierra los ojos si te sientes a gusto haciéndolo y respira profunda pero cómodamente, sintiendo que tu abdomen se hincha con el aire que entra en tu cuerpo.
Exhala hasta que el estómago y la caja torácica vuelvan a estar completamente planos.

Experimenta la quietud y la serenidad en tu interior y a tu *alrededor, y baña tu espíritu en ella.*
Inhala la serenidad... y exhala el murmullo interior.
Inhala la serenidad... y exhala el murmullo interior. Imagina tus cristales en tu mente.
Visualiza una luz blanca y pura que brilla y te envuelve a ti y a las piedras en un calor energizante.
Saborea el calor durante un rato.

Inhala energía... y exhala cansancio.
Inhala energía... y exhala cansancio.
[Detente todo el tiempo que quieras en esta sensación.]
Ahora ve la luz blanca lavando suavemente cada cristal, eliminando cualquier energía negativa y experiencia estancada.
Ve los colores brillantes de cada piedra preciosa resurgiendo para brillar en la luz blanca curativa.
Inhala la pureza... y exhala la energía estancada.
Inhala la pureza... y exhala la energía estancada.
Sigue haciendo el lavado espiritual hasta que sientas intuitivamente que tus cristales están limpios y recargados.

Ve la luz blanca lavando suavemente cada cristal, eliminando cualquier energía negativa y experiencia estancada.

Disfruta del brillo de los colores de cada cristal jugando con la luz blanca curativa.

Inhala la pureza... y exhala la energía estancada.

Inhala la pureza... y exhala la energía estancada.

Cuando estés preparado, vuelve a ser consciente de tu entorno y abre los ojos.

Sostén los cristales recargados durante un rato y permite que sus vibraciones te movilicen.

Escogiendo los cristales adecuados

Te perdonamos si te sientes un poco desconcertado por la gran variedad de cristales y piedras preciosas que hay para elegir. Cada una de ellas tiene un área en la que se especializa y los colores también son importantes.

No entra en el ámbito de este libro discutir todos los criterios para elegir los cristales. Nos ocupamos de la curación a través del sonido y algunos cristales resuenan más fuerte que otros.

Para reunir un conjunto de piedras de iniciación, considera la posibilidad de conseguir cuarzo transparente, cuarzo rosa, citrino, amatista, turmalina negra, ojo de tigre, aguamarina, calcita verde, pirita y ópalo rosa.

Cuarzo transparente

El cuarzo transparente es conocido como el maestro sanador. Se cree que equilibra la mente, el cuerpo y el alma.

También potencia las intenciones, lo que lo convierte en una gran ayuda para los principiantes.

No sólo amplifica su propia energía, sino que también potencia la energía de cualquier cristal que se utilice junto a él.

Cuarzo rosa

Esta hermosa gema rosa es conocida como la reina del amor propio, las relaciones y la armonía.

Se le atribuye el fortalecimiento de los vínculos emocionales y sexuales en la pareja, la potenciación de la armonía y la neutralización de los conflictos.

Citrino

El amarillo brillante del citrino despierta el poder personal. También ayuda a deshacerse de la energía negativa y proporciona un impulso de confianza y convicción a las personas con profesiones estresantes.

Amatista

La amatista se utiliza para aportar calma a una vida agitada y aliviar el estrés. Al mismo tiempo, mejora las conexiones espirituales, la percepción y la intuición, y abre el tercer ojo.

Muchos curanderos utilizan la amatista para eliminar las adicciones. Los antiguos griegos utilizaban la amatista para esculpir sus recipientes para beber porque creían que así evitarían la intoxicación.

Turmalina negra

Esta piedra se utiliza como un poderoso protector contra la negatividad y la gente que quiere drenar tu energía personal.

También se utiliza para calmar la ansiedad y equilibrar los lados derecho e izquierdo del cerebro.

Colocar un cristal de turmalina negra cerca de equipos electrónicos también puede mitigar el efecto de las ondas electromagnéticas en nuestros niveles de energía y bloquear parte del drenaje energético.

Ojo de tigre

El ojo de tigre se utiliza para conectar a la persona con la tierra. Esta piedra puede aumentar el rendimiento físico.

El ojo de tigre también mejora la concentración y te motiva a aprovechar todas las oportunidades que te ofrece el universo.

Aguamarina

. . .

Es la mejor piedra a la que recurrir cuando te resulta difícil manifestar tu verdad y mantenerte fiel a ti mismo. Te ayuda a poner límites sin agresividad ni disculpas y te guía en las conversaciones más tensas.

La aguamarina también potencia la creatividad.

Calcita verde

La calcita verde nos ayuda a deshacernos de los bloqueos y los obstáculos que impiden el crecimiento personal. Esta piedra limpia nuestra energía y amplifica los beneficios.

Debido a su color verde, también se asocia mucho con la prosperidad y la abundancia.

Pirita

La pirita se utiliza como protector en todos los niveles, desde el energético hasta el espiritual y el físico. También se dice que potencia la manifestación cuando el cristal se utiliza durante la meditación.

Ópalo rosa

El ópalo rosa ayuda a liberar la ira y la tensión, devolviendo la calma y la serenidad. También ayuda a aliviar la ansiedad y el insomnio.

Esta piedra trabaja a nivel subconsciente para curar viejas

heridas emocionales y eliminar cualquier trauma o dolor persistente.

¿El tamaño importa?

El tamaño de tu cristal no cambia el tipo de energía que puede proporcionar. Un trozo grande de la piedra será más potente y te afectará más rápidamente, pero el resultado esencial seguirá siendo el mismo, tanto si el cristal es grande como si es pequeño.

¿Cómo haces para elegir?

A menudo se dice que una persona es elegida por un cristal y no al revés.

Algunos cristales te "hablarán" si los necesitas en ese momento de tu vida. Si tocas varios cristales durante unos instantes con los ojos cerrados, detectarás rápidamente una reacción vibratoria.

5
DESBLOQUEANDO TUS MERIDIANOS CON EL SONIDO

Los meridianos son conceptos de la medicina tradicional china (MTC). Son a los chakras lo que las líneas de ferrocarril a las estaciones: forman los canales por los que la energía viaja a través del cuerpo para llegar a los distintos centros donde se concentra con fines específicos.

La existencia física de los meridianos aún no se ha demostrado, pero los que practican el sistema creen firmemente en ellos y los utilizan para curar y restaurar.

La MTC es un sistema médico antiguo que existe desde hace casi 4.000 años.

Conceptos clave de la MTC

El primer concepto que hay que entender es el qi. Este término se refiere a la fuerza energética invisible que constituye la vida misma. En sentido literal, la palabra china significa "aire".

La MTC cree que la enfermedad se produce siempre que algo obstruye el libre flujo del qi a través del cuerpo. El sistema de movimientos coordinados, técnicas de respiración y meditación utilizados tradicionalmente para equilibrar y mantener el qi se llama qigong.

Los meridianos por los que circula el qi se dividen en dos partes. El jingmai contiene los meridianos principales y el luomai contiene los vasos asociados, como las arterias.

Cada meridiano existe como parte de un par. Uno es de naturaleza yin y el otro es yang. En la MTC, el yin corresponde al frío, la oscuridad y el agua. El yang corresponde a la luz del día, el calor y el fuego (Fellows, s.f.).

Los meridianos

Hay 12 meridianos principales. Estos recorren cada lado del cuerpo y cada meridiano se relaciona con un órgano. Los dos lados se reflejan mutuamente.

Los meridianos son el hígado, la vesícula biliar, el corazón, el intestino delgado, el bazo, el estómago, el pulmón, el intestino grueso, el riñón, la vejiga urinaria, el San Jiao y el pericardio. El meridiano San Jiao también se conoce como el triple quemador y ayuda a regular los órganos y la energía del mismo modo que la medicina occidental entiende el metabolismo. Su naturaleza es yang. El meridiano del pericardio es el meridiano cardiovascular y tiene una naturaleza yin (Fundación Mundial de Medicina Tradicional China, 2019).

El meridiano del hígado

El hígado es esencial para un metabolismo saludable a través de su función de digestión de nutrientes. En la MTC, también se asocia con la frustración, la irritabilidad, la amargura, la depresión y la tristeza.

Los síntomas físicos que pueden manifestarse cuando este meridiano está bloqueado incluyen mareos, sequedad de ojos y otros problemas relacionados con la visión, problemas dentales, sinusitis, dolores menstruales, enfermedades del sistema reproductivo y fatiga.

El meridiano de la vesícula biliar

La vesícula biliar produce la bilis que ayuda a la desintoxicación del cuerpo. En la MTC, se asocia con la ira.

Los signos físicos de un problema en este meridiano incluyen afecciones oculares, problemas en las articulaciones de la cadera, la rodilla y el tobillo, úlceras bucales y enfermedades pulmonares.

El meridiano del corazón

El corazón es esencial para proporcionar el oxígeno vital al cuerpo. En la MTC se considera la base de la alegría. Una alegría demasiado escasa provocará depresión y una alegría excesiva se convertirá en manía.

Puede manifestarse el miedo, la agitación, las dificultades de concentración y la resistencia a perdonar a la gente. Los problemas físicos incluyen palpitaciones y latidos irregulares del corazón, además de neuralgias en brazos y hombros.

El meridiano del intestino delgado

. . .

La magia ocurre dentro del intestino delgado cuando los alimentos se convierten en energía para nutrir al cuerpo.

Psicológicamente, el meridiano del intestino delgado se relaciona con la "digestión" de los problemas mentales y emocionales. Los sentimientos prolongados de pena y tristeza sin una causa aparente pueden ser el resultado de un meridiano del intestino delgado bloqueado o desequilibrado.

Los síntomas de problemas en este meridiano incluyen alergias alimentarias, todo tipo de infecciones frecuentes, tendencia a sufrir lesiones por esfuerzo, enfermedades de la piel y reumatismo.

El meridiano del bazo

El bazo forma parte del sistema de filtrado del organismo. Elimina las bacterias, los glóbulos muertos y cualquier otra impureza.

Una tendencia a preocuparse en exceso y a concentrarse casi obsesivamente en un asunto determinado constituye un indicio emocional de problemas en este meridiano.

Desde el punto de vista físico, la pérdida de apetito, el agotamiento, la hinchazón, la diarrea y los trastornos sanguíneos pueden indicar una disfunción del meridiano del bazo.

El meridiano del estómago

El estómago no es sólo el lugar donde se digiere la comida física, sino que también representa la digestión de las ideas. Los problemas relacionados con el meridiano del estómago pueden manifestarse como una incapacidad para asimilar nuevas ideas e incorporarlas a la vida.

El meridiano del estómago sube hasta la parte superior de la cabeza y también puede manifestarse a través de irritaciones de los senos nasales, problemas dentales, parálisis facial, problemas de tiroides y bloqueos linfáticos.

Desde el punto de vista psicológico, se puede experimentar depresión, amargura y una constante sensación de hambre.

El meridiano del pulmón

Sin la capacidad de los pulmones de absorber el oxígeno del mundo exterior y convertirlo en aliento vital, moriríamos. El meridiano pulmonar también representa la comunicación con el mundo exterior y nuestra voluntad de vivir plenamente.

Las alergias, los problemas cutáneos, el asma, la sudoración, los problemas renales y los problemas digestivos pueden indicar un meridiano pulmonar bloqueado.

La preocupación extrema, la sensación de desapego y agobio y el carácter despectivo e intolerante pueden indicar problemas con el meridiano del pulmón.

El meridiano del intestino grueso

El intestino grueso está situado al final del recorrido de los alimentos a través de nuestro cuerpo. Este meridiano representa la evaluación final de nuestras experiencias vitales.

Cuando el meridiano del intestino grueso está bloqueado, surgen constantes sentimientos de culpa y una falta de autoestima y de una imagen saludable de uno mismo.

A nivel físico, es posible que aparezcan cuadros de sinusitis, dolores articulares, afecciones reumáticas, bronquitis, enfermedades de la piel y problemas estomacales.

El meridiano del riñón

En la MTC, los riñones se relacionan con el miedo. Un bloqueo en este meridiano puede manifestarse a través del miedo y la ansiedad, así como también del distanciamiento que resulta de sentirse inseguro.

Entre las posibles enfermedades se encuentran las infecciones crónicas de oído, los problemas de vista no relacionados con la edad, los problemas de espalda, los problemas relacionados con la médula ósea y la densidad ósea, la incontinencia y los problemas de próstata y reproductivos.

El meridiano de la vejiga urinaria

Es el meridiano más largo, pues va desde la parte superior de la cabeza hasta la planta de los pies. En la MTC, tiene una estrecha relación con el meridiano del riñón. Por lo tanto, cuando este meridiano está bloqueado pueden producirse infecciones que van desde la sinusitis hasta la cistitis crónica.

Además, se pueden experimentar afecciones oculares y auditivas, ciática y problemas en el sistema reproductivo.

Las emociones expresadas pueden incluir inquietud aguda, frustración e impaciencia.

El meridiano San Jiao/Triple Quemador

. . .

Todas las glándulas hormonales están incluidas en este meridiano. El mismo representa nuestra inspiración para actuar con fuerza y energía.

La fiebre o los escalofríos, los dolores de cabeza y el dolor de garganta pueden ser consecuencia de un desequilibrio o un bloqueo en este meridiano.

Se pueden experimentar sentimientos de desesperación, desesperanza, soledad y aislamiento.

El meridiano del pericardio

El entusiasmo de una persona por la vida y su nivel de motivación están estrechamente relacionados con este meridiano en la MTC. La libido también está vinculada al mismo.

Entre las posibles enfermedades se encuentran los problemas cardíacos y de angina de pecho, la sensación de presión en la zona del corazón, el dolor en la zona pulmonar, los espasmos, la mala circulación sanguínea, las hernias y la gastritis.

En el plano psicológico, un bloqueo en esta zona puede dar lugar a episodios emocionales maníacos, delirios y falta de alegría en la vida en general.

Abriendo el flujo del Qi con el sonido

Los chinos desarrollaron un sistema llamado *qigong* para eliminar los bloqueos y equilibrar los meridianos para asegurar el libre flujo del qi a través del cuerpo.

Una breve historia

ASCENDING VIBRATIONS

. . .

El qigong se remonta a más de 4.000 años. Este tiene sus raíces en la cultura, la filosofía, la medicina y las artes marciales chinas. Incluye movimientos lentos y coordinados, sonidos y meditación.

Liu Guizhen es el hombre al que se atribuye el nombre del sistema. En 1947, a los 27 años, Guizhen fue enviado a su pueblo desde su trabajo como empleado del Partido Comunista para morir. Sufría tuberculosis y problemas nerviosos, además de graves úlceras gástricas. Pesaba menos de 80 libras.

Su tío afirmó conocer los secretos de una tradición budista llamada Neiyang Gong y decidió enseñarle a su sobrino a practicarla a fin de salvarle la vida.

Los siguientes 100 días bajo la dirección de su tío fueron agotadores. A Guizhen no se le permitía hablar, lavarse ni recibir visitas. Tenía que practicar una serie de movimientos cada dos horas de vigilia y tenía que beber de cuatro a cinco termos de agua al día, dos de los cuales tenían que ser de agua hervida.

Los ejercicios implicaban mucho trabajo de respiración y mantras.

Al final de este periodo, Guizhen había engordado 10 kilos y era un hombre sano. Para sorpresa de los funcionarios comunistas, volvió al trabajo. Todos estaban ansiosos por conocer el secreto de Guizhen, ya que el pueblo chino estaba sufriendo como consecuencia de la guerra y había muy pocos médicos.

Guizhen volvió con su tío y aprendió todo lo que pudo. Su tío le dijo que el verdadero secreto era este: Cantar un mantra silencioso enfocando toda la atención en un punto debajo del ombligo ralentiza la actividad cerebral. Eso permite que los órganos se fortalezcan y sanen por sí mismos.

El Partido Comunista dio instrucciones a Guizhen para que

estandarizara y simplificara todos los elementos del sistema y eliminara cualquier connotación religiosa y feudal. Asimismo, el nombre se cambió por la palabra más neutra qigong, que no tiene raíces budistas.

En 1964, la línea oficial del partido se volvió en contra del qigong y los líderes políticos trataron de erradicar la práctica. Guizhen fue encarcelado y las instituciones donde se practicaba fueron cerradas.

Su popularidad resurgió en 1978 y ha perdurado hasta hoy (Voigt, 2013).

El qigong hoy

El énfasis en el qigong ha pasado de la iluminación espiritual a la salud y el bienestar físico. En China, está reconocido como práctica médica estándar desde 1989. En la tradición occidental, todavía se considera una terapia alternativa a la medicina convencional.

Los cinco elementos

Los maestros originales del qigong estudiaron detenidamente la naturaleza y llegaron a la conclusión de que el cuerpo humano funciona en sincronía con los elementos y las estaciones.

Los movimientos y los sonidos curativos asociados se desarrollaron para que el cuerpo vuelva suavemente al mismo ritmo que los ciclos de la tierra y así lograr el equilibrio.

Los maestros identificaron cinco elementos que se asocian a una estación, un color, un sonido y un sistema de órganos (Flood, 2016).

Elemento	Órgano	Color	Estación	Sonido
Madera	Hígado	Verde	Primavera	Shoo
Fuego	Corazón	Rojo	Verano	Haaw
Tierra	Bazo	Amarillo	Finales de verano	Whoo
Metal	Pulmones	Blanco	Otoño	Tzzz
Agua	Riñones	Azul	Invierno	Ch-way
Triple quemador	Armonizador			S-Hee (hecho de manera silenciosa)

Un ejercicio para fortalecer el elemento madera

EL ELEMENTO MADERA REPRESENTA LA ENERGÍA DE LA VIDA, LA libertad y el buen humor. Una fuerte presencia de este elemento refleja creatividad y flexibilidad.

Colócate en la postura básica de qigong, es decir, con los pies separados a la altura de los hombros, las rodillas ligeramente flexionadas y las manos colgando libremente a los lados. La boca debe estar cerrada con la lengua contra el paladar superior y la mirada debe estar fija en el horizonte lejano.

Adelanta un pie y gira el cuerpo 90 grados hacia el otro lado mientras mueves los brazos. Inspira mientras giras y exhala al volver a la posición inicial (Isahak, 2005).

UN EJERCICIO PARA FORTALECER EL ELEMENTO FUEGO

. . .

Nuestra conexión con nosotros mismos y, a partir de ahí, con todo lo demás en el universo, está influenciada por la fuerza del elemento fuego. Este elemento aporta una vida tranquila y controlada, llena de compasión por todos los seres.

Este ejercicio comienza con una postura de meditación en loto, si puedes, o simplemente sentado cómodamente en una silla. Mantén las manos apoyadas en las rodillas con las palmas hacia arriba.

Junta los talones y cruza las manos delante del pecho, en la postura de saludo oriental. Inhala, luego inclínate ligeramente hacia delante mientras exhalas y contemplas la compasión.

Después de cuatro a seis repeticiones del movimiento, cruza los brazos y dóblate completamente mientras exhalas. Mantén la posición durante unos instantes mientras te propones ser más afectuoso y tolerante (Isahak, 2005).

Un ejercicio para fortalecer el elemento tierra

El elemento tierra se interpreta como el cuidado de uno mismo, de los demás y del medio ambiente.

Comienza con una postura básica. Dobla una pierna por detrás de ti y agarra ese pie con ambas manos. Estira la pierna suavemente mientras inspiras. Exhala mientras te relajas y sueltas el pie, teniendo cuidado de mantener el equilibrio (Isahak, 2005).

Un ejercicio para fortalecer el elemento metal

Un elemento metal armonioso trae consigo la claridad mental, la liberación de prejuicios y la capacidad de dejar ir las emociones que ya no te sirven.

Ponte en la postura básica y levanta los brazos extendidos hacia el cielo con las palmas hacia arriba mientras inhalas. Baja los brazos con las palmas hacia abajo mientras exhalas.

Haz de cuatro a seis repeticiones. En la última, agáchate completamente hasta donde puedas llegar mientras estiras los brazos hacia atrás y bloqueas los pulgares con los dedos índices apuntando hacia arriba. Haz de tres a seis ciclos de inhalación y exhalación en esta posición.

En la siguiente inhalación, enderézate con los brazos apuntando de nuevo hacia el cielo. Exhala y baja los brazos por última vez (Isahak, 2005).

Un ejercicio para fortalecer el elemento agua

Este elemento tiene que ver con el yo, con quién eres y hacia dónde vas.

Colócate en la postura básica y levanta los brazos a una altura no superior a la de la cintura con las palmas de las manos giradas hacia fuera. Mantén una postura correcta, con la parte inferior de la columna vertebral lo más recta posible y la parte superior relajada, sin encorvarte.

Visualiza cómo el qi entra en tu cuerpo por la parte superior de la cabeza y fluye por la columna vertebral en un río de luz blanca. Imagina que el qi da energía a tu cerebro y a tu columna vertebral y a todos los órganos y sistemas del cuerpo que se extienden desde la misma.

A continuación, siéntate en el suelo con las piernas estiradas. Inclínate ligeramente hacia delante mientras estiras los brazos con las palmas hacia arriba. Inspira y mueve lentamente los brazos hacia los lados como si estuvieras nadando. Vuelve a enderezar la espalda. Exhala y vuelve a llevar los brazos al pecho.

Repite el ciclo completo de cuatro a seis veces (Isahak, 2005).

Utilizando los sonidos

Los sonidos asociados a cada elemento, como se muestra en la tabla que aparece anteriormente en esta sección, pueden incorporarse a los ejercicios o utilizarse por sí solos.

Hay un sonido para cada elemento y un sexto sonido que los armoniza a todos.

Los tonos deben hacerse con voz firme, excepto el sexto sonido, que se hará de forma silenciosa y en el rango medio de la voz, donde le resulte cómodo. Cada sonido debe repetirse al menos cinco veces, con el sexto siempre en último lugar.

El orden en el que los hagas no es importante. También puedes hacer sólo el que esté asociado a un órgano o sistema que te preocupe, o incluso puedes hacer sólo el de la estación actual.

Los sonidos crean vibraciones que actúan como un masaje para los órganos implicados, sanándolos y estabilizándolos.

No hay movimientos estandarizados con los sonidos y existen muchas variaciones. La premisa básica de la que parten todos ellos es que la madera (los árboles) crece hacia arriba, el fuego se mueve en todas las direcciones, la tierra se expande horizontalmente, el metal se contrae y se sostiene y el agua fluye hacia abajo. Puedes improvisar tus propios movimientos siguiendo estas indicaciones (Voigt, 2012).

En el siguiente apartado encontrarás las pautas de las visualizaciones que deben acompañar a cada sonido para aprovechar al máximo sus cualidades. Recuerda que los órganos no se corresponden estrictamente sólo con los puntos anatómicos que les damos. Más bien se refieren a sistemas de órganos.

En todos los casos, inhala tan profundamente por la nariz como te resulte cómodo y exhala mientras realizas el sonido suavemente.

- Hígado: Mientras haces el sonido, usa tu imaginación para guiar el qi (luz blanca) hacia arriba desde los lados interiores de los dedos gordos de los pies. Deja que suba por el interior de los muslos, a través del abdomen y hasta la garganta. Deja que el qi se mueva hacia los ojos, la frente y hasta la coronilla. Hazlo retroceder para bajar a los pulmones, fluir por la cara interna de los brazos y terminar en la punta externa de los pulgares antes de inhalar.
- Corazón: Imagina que el qi comienza en los lados exteriores de los dedos gordos del pie esta vez y que sube por la parte interior de las piernas para entrar en el abdomen. Desde ahí, deja que se mueva hacia la parte superior del pecho, hacia las axilas, y que fluya a lo largo de la parte interior de los brazos, terminando en las puntas interiores de los dedos meñiques.
- Bazo: Comienza de nuevo en los lados exteriores de los dedos gordos de los pies y deja que el qi suba por los lados interiores de las piernas hasta el abdomen. Desde allí, guía la luz hacia el estómago y luego hacia la parte superior del pecho. Al llegar al pecho, imagina que el qi se divide en dos corrientes. La primera corriente lleva el qi a la garganta y lo deja fluir bajo la lengua. Al mismo tiempo, la segunda corriente lleva el qi a la parte interior de los brazos y lo deja fluir hasta las puntas interiores de los dedos meñiques.
- Pulmones: Iniciando el flujo de luz blanca brillante (qi) en los lados internos de los dedos gordos de los pies, imagina que viaja hacia arriba por la parte interna de las

piernas y entra en el abdomen. Desde allí, deja que suba hacia los pulmones. El qi termina su ronda fluyendo por los lados internos de los brazos, terminando en las puntas internas de ambos pulgares.
- Riñón: Desde las puntas de los pies, visualiza el qi subiendo por la parte interna de los muslos. Deja que fluya a lo largo de la columna vertebral y entre en los riñones. Imagina que se mueve hacia el pecho antes de bajar por la parte interna de los brazos y terminar en la punta de los dedos del medio.
- Triple quemador: Para armonizar y unir todos los demás sonidos, visualiza el qi comenzando en las puntas exteriores de los cuartos dedos de los pies. Visualiza que sube por la parte exterior de las piernas hacia los lados del torso. Desde ahí, deja que la luz blanca fluya hacia los lados del cuello y entre en la cabeza. Deja que vuelva a bajar por los lados de la cabeza a través del cuello, sobre los hombros, y a lo largo del dorso de los brazos hasta terminar en las puntas exteriores de los dedos anulares (Voigt, 2012).

Cuando hayas hecho una serie de ejercicios, puedes repetirlos mientras sacudes suavemente tu cuerpo. Esta es una forma natural de eliminar todo el estrés y las preocupaciones acumuladas.

6
SECRETOS EMOCIONALES DE LA CURACIÓN A TRAVÉS DEL SONIDO

Todos pasamos por un bajón emocional a veces. En algunos casos, la depresión se produce después de un acontecimiento traumático o triste, pero a veces simplemente nos pilla desprevenidos.

En esos momentos sería bueno tener una solución mágica, pero eso es sólo un deseo. ¿O no lo es?

La curación y el equilibrio mediante el sonido pueden marcar una diferencia tan profunda en tu estado emocional y mental que te parecerá magia.

Si piensas por un momento en la introducción de este libro, recordarás que hablamos de que todas las partículas del universo, incluidas las que componen nuestro cuerpo, están en constante movimiento y vibración.

Cuando algo perturba este patrón vibracional, las células retienen un recuerdo del evento y la energía se estanca. Esto puede causar problemas emocionales a largo plazo.

Sintonizar con la música y los sonidos adecuados puede borrar el recuerdo y restablecer el equilibrio necesario para una vida feliz y relajada.

. . .

La relación entre la curación a través del sonido y la intuición

La intuición se refiere a nuestra capacidad innata de percibir cosas directamente del universo. Todos nacemos con ella, pero, a medida que la vida avanza, solemos optar por ignorar los mensajes de la intuición hasta el punto de que parece que hemos perdido esa capacidad.

Sin embargo, nunca la perdemos, y con la estimulación adecuada y la intención de permitir que la intuición vuelva a entrar en nuestras vidas, esta puede reabrirse y convertirse en nuestra mayor aliada en la curación con sonido.

¿Qué es la intuición?

Una de las explicaciones más concisas de la naturaleza de la intuición se encuentra en la palabra japonesa que designa el concepto. Consta de tres caracteres escritos que representan la franqueza, la percepción y el poder.

Cuando permitimos que nuestra percepción directa se active, volvemos a ser capaces de discernir la verdad en todos los asuntos, incluidas las verdaderas raíces de las dolencias y los trastornos emocionales.

La intuición despierta nuestra percepción de que somos parte de una fuente de creación que nos une a todos. Hay un hilo común que fluye a través de toda la creación: la vibración.

Las sincronicidades y los destellos de perspicacia se convierten en algo habitual y resulta mucho más fácil llegar al corazón de cualquier enfermedad, ya sea en nosotros mismos o en los demás.

Una vida intuitiva activa eleva nuestras vibraciones y esto facilita la sintonía con las emociones positivas. De este modo, es más fácil para un sanador distinguir entre las vibraciones más ligeras y elevadas y las más pesadas y densas que están presentes en alguien que necesita ser sanado.

Intuición y música

El magnífico Albert Einstein dijo que los grandes científicos también son artistas. El verdadero conocimiento no puede existir sin la verdadera belleza intuitiva.

Lo mismo ocurre con nuestra salud, y la música es una de las mejores formas de despertar nuestro camino intuitivo hacia el bienestar completo.

Para Einstein, la única diferencia entre la ciencia, incluida la música formal, y la intuición era el lenguaje con el que se exponía la materia. Si se expresaba en términos de lógica y conceptos científicos formalmente aceptados, se calificaba como ciencia. Si trataba de lo que él llamaba "formas cuyas construcciones no son accesibles a la mente consciente, pero se reconocen intuitivamente", Einstein agrupaba el proyecto con la intuición (Root-Bernstein & Root-Bernstein, 2010).

Está claro que la música puede acceder a nuestra esencia a un nivel elemental y provocar cambios positivos si se lo permitimos.

El rol de la intención

La curación a través del sonido es una de las modalidades de curación más poderosas que tenemos a nuestra disposición, pero, sin la intención de curar, el sonido sigue siendo sólo una herramienta más. Una intención curativa eleva el proceso a niveles mágicos.

El experto en sanación con sonido, Jonathan Goldman, lo explica en términos de una fórmula: Frecuencia + intención = curación (Goldman, 2009c).

Mientras que la frecuencia representa el sonido real, Goldman describe la intención como la energía que hay detrás de la música o el sonido y que le da su poder.

Goldman cuenta una experiencia confusa en su vida de autor cuando estaba escribiendo un libro sobre los diferentes mantras y sonidos que se utilizan en la curación y sus resultados. Se dio cuenta de que todos los gurús tenían diferentes opiniones sobre qué sonido y mantra funcionaba para cada órgano y dónde resonaba cada sonido. Esto no tenía sentido para Goldman, ya que estaba tratando de compilar un sistema de curación mediante el sonido.

Fue entonces cuando experimentó un momento eureka al darse cuenta de que todos los expertos obtenían resultados positivos gracias a sus intenciones. El sonido y el mantra no son los ingredientes esenciales, sino la intención con la que se utilizan. Todos los sanadores tenían la intención de ayudar a sus clientes y facilitarles el camino de vuelta al bienestar óptimo, y esos son los resultados que produjeron independientemente de dónde sintieron la resonancia o del sonido que utilizaron para un determinado órgano.

Es fácil comprobarlo a partir de las experiencias cotidianas. ¿Alguna vez te has encontrado con alguien a quien no has visto en un tiempo y has sentido, después de su saludo entusiasta, que hubiera preferido no encontrarse contigo?

Percibimos la intención que hay detrás de los sonidos en un nivel subconsciente y también respondemos a la intención en un nivel subconsciente.

Goodman utiliza el ejemplo de un experimento de kinesiología en el que se comprobó la fuerza muscular de las personas después de escuchar los sonidos del océano infundidos con buenos deseos por parte de otros; del mismo modo, estas personas escucharon los sonidos de las olas infundidos con ira y malos sentimientos por parte de otro grupo de individuos. Mientras escuchaban los sonidos infundidos con amor, luz y felicidad, los músculos de los participantes se mantuvieron fuertes. En cambio, cuando escucharon los sonidos oceánicos con "malas vibraciones", se debilitaron. Su estructura física y sus respuestas estaban influenciadas por las intenciones que se desprendían de los sonidos que escuchaban.

Cuando se trabaja con el sonido, puedes visualizarlo como una corriente que viene hacia ti. Si eres el sanador, tu corriente tiene que ser positiva, pero lo mismo ocurre si eres el receptor de un tratamiento. La energía sigue a la intención porque la intención hace vibrar las moléculas.

Estados de las ondas cerebrales

Nuestro cerebro funciona mediante impulsos eléctricos continuos que miden sólo unas millonésimas de voltios. Estas ondas varían en función de los diferentes estados en que se encuentra nuestro cerebro y de las actividades que realizamos.

En la literatura científica se utilizan ampliamente cinco frecuencias que pueden medirse en un escáner de EEG, como se muestra en la siguiente tabla (Abhang et al., 2016).

Frecuencia	Estado cerebral	Actividades asociadas
0.5–4 Hz	Delta	Dormir; estar en un trance profundo
4–8 Hz	Theta	Profundamente relajado; concentrado; meditativo; "en la zona"
8–12 Hz	Alfa	Pasivamente atento y muy relajado; observador
12–35 Hz	Beta	Alerta pero relajado, prestando atención activa a los estímulos externos; con tendencia a la ansiedad
35-80 Hz	Gamma	Concentración profunda e hiperfocalización; prestando atención conscientemente y evocando recuerdos

Los patrones de las ondas cerebrales son tan únicos como las huellas dactilares y pueden variar en diferentes partes del cerebro al mismo tiempo.

Las ondas cerebrales de baja frecuencia se activan cuando escuchamos música y nuestros cerebros y cuerpos se sincronizan con la misma.

Esto hace que la música sea una de las herramientas más poderosas en el arsenal de la curación con sonido. La música calma el sistema nervioso para que la intuición se manifieste.

Para demostrarlo, Goldman expone su experiencia con chamanes y otros sanadores sometidos a trances profundos cuyas ondas cerebrales llegan a la frecuencia delta, durante la cual, teóricamente, deberían estar dormidos. Sin embargo, están alerta y hablan, y a menudo canalizan una ayuda superior en el estado de trance (2009c).

Una meditación para desacelerar

. . .

Mientras escuchas música relajante, como la que puedes encontrar en cualquier sitio web como YouTube y a través de auriculares para obtener un mejor resultado, cierra los ojos y haz la siguiente meditación breve para experimentar el efecto calmante de la música sin dejar de concentrarte y elevar tus vibraciones.

Siéntate cómodamente o túmbate mientras la música gira a tu alrededor. Siente cómo esta música te atraviesa.

Inspira profundamente e imagina que llevas el sonido con tu respiración hacia tu corazón.

Exhala completamente y visualiza cómo la música atraviesa tu corazón y vuelve a salir, llevándose la inquietud y la frustración.

Hazlo un par de veces y siente cómo tu corazón se ralentiza y el nudo en tu estómago se afloja.

Ahora, piensa en cualquier persona o cosa por la que estés agradecido. Puede ser una mascota, un hermano, una pareja o algo material como tu casa.

Visualiza a la persona, el objeto o el lugar mientras inhalas la música... y vuelve a exhalar.

A continuación, imagina que empieza a formarse una hermosa nube de color rosa dorado a tu alrededor. Observa cómo la nube se mueve hacia arriba y se conecta con la enorme nube rosa y dorada del universo.

Observa tu nube siendo transportada por el sonido de la música y fusionándose con la dulce nube de color rosa dorado del universo. Siente la paz de volver a casa, ser amado y sentirte bien.

Mantén esta armonía dentro de tu mente durante todo el tiempo que dure la música.

. . .

LA SANACIÓN A TRAVÉS DEL SONIDO PARA PRINCIPIANTES

Abre los ojos y lleva la sensación de calma, amor y paz contigo mientras sigues con tu día.

Nuestra propia música

Todos tenemos música en nuestro interior. Todos podemos recurrir a nuestros sonidos personales en momentos de confusión emocional si nos damos cuenta de que están ahí.

Los latidos del corazón, los suspiros y la respiración son formas de terapia de sonido que están a nuestra disposición. Si sabes cómo utilizarlos, suponen una poderosa ayuda para movilizar las capacidades innatas de todo ser humano para curarse y equilibrarse.

El latido del corazón

No es una coincidencia que el corazón se acelere cuando estamos alterados y se ralentice cuando nos sentimos más tranquilos. Además de las necesidades físicas de hacer llegar más sangre a los órganos vitales con mayor rapidez, el sonido y la sensación de un corazón que late rápido acelera nuestras reacciones y ayuda a crear una sensación de urgencia.

Un corazón acelerado en situaciones positivas, como cuando se está enamorado, también nos prepara para la acción.

Los músicos han reconocido y utilizado este hecho a lo largo de los años para crear emociones y experiencias específicas con su música. Incluso sin melodía, los diferentes tempos de los tambores de un chamán son cruciales para el inicio, el desarrollo y el retorno de un viaje chamánico.

No sólo los acontecimientos, sino también la toma de decisiones, pueden provocar mucho estrés y malestar. A veces, la importancia de una decisión es tan abrumadora que no podemos pensar con claridad. En estos casos, los sentimientos de depresión no son infrecuentes.

Deja que tu corazón tome la iniciativa. Abre tu mente a su guía. Invítalo a calmar tus emociones y a proporcionarte claridad mental.

Hagamos juntos un sencillo ejercicio de meditación para ayudarte a estar más en contacto con tu corazón.

Siéntate o túmbate en un lugar cómodo, donde no te molesten durante unos 20 minutos.

Cierra los ojos si te sientes cómodo haciéndolo o fija una mirada tranquila y desenfocada en algún lugar frente a ti.

Inspira profundamente desde el estómago sin levantar los hombros, mantén la respiración durante un momento y exhala completamente. Visualiza cómo expulsas todas las sensaciones de estrés con la respiración y observa cómo te abandonan.

Intenta mantener tu mente neutral, pero no fuerces nada: no tienes que dejar de pensar. Visualiza los pensamientos que van y vienen como peces que nadan en un acuario.

Vuelve a inspirar y visualiza la respiración entrando en tu corazón, abriéndolo. Exhala de nuevo.

Pon una mano sobre tu corazón y respira de nuevo hacia él. Mantén en tu mente el pensamiento de que estás tocando algo sagrado que el universo te ha dado. Mantén la respiración en tu corazón por un momento antes de soltarla completamente.

Manteniendo aún la mano suavemente sobre tu corazón, inspira de nuevo y envíale el más dulce de los abrazos a través de tu respiración. Siente una cálida gratitud hacia el poder de tu corazón que inunda tu ser. Exhala de nuevo.

Sigue inspirando... acariciando y agradeciendo a tu corazón... y exhalando de nuevo durante todo el tiempo que quieras.

Cuando te sientas preparado, abre los ojos y mueve tu cuerpo.

. . .

Mantén ese sentimiento de apertura y amor en ti y a tu alrededor a lo largo del día. Dale un respiro a tu cerebro si ha estado haciendo un trabajo duro últimamente. Deja atrás las dudas, los cuestionamientos y las creencias limitantes, y sumérgete en el canto de tu corazón. Tu intuición de hecho vive en tu corazón.

Respiración y suspiros

Cada inhalación aporta fuerza vital a nuestra existencia. Con cada suspiro y exhalación, tenemos la oportunidad de deshacernos de todo lo que se opone a nuestra fuerza vital y nos dificulta la existencia.

Desde la antigüedad, los pueblos han considerado la respiración como un equivalente a la vida. Uno de los mejores ejemplos de esto son los *Libros de la Respiración* egipcios, que datan de alrededor del 350 a. C.

Estos eran textos destinados a enseñar a la gente cómo seguir viviendo en el más allá. El primer capítulo comienza con estas palabras: "No muestres esta escritura a nadie. Puede beneficiar únicamente a las sombras que, confinadas en el inframundo, renacen sin cesar en el aliento de la verdad" (Balsamo y Dagnese, 2012).

Un estudio científico realizado en Australia para evaluar el impacto fisiológico de la respiración lenta y profunda descubrió que sentirse mejor cuando se respira conscientemente no está sólo en la mente. Los científicos descubrieron que la respiración lenta y controlada cambia significativamente los parámetros de los sistemas corporales que influyen en la salud y la longevidad. Estos sistemas incluyen el ritmo cardíaco, la fuerza de los músculos respiratorios y la eficacia del intercambio de oxígeno. También descubrieron que la respiración lenta tonifica el nervio vago. El nervio vago estimula el sistema nervioso parasimpático y este, a su vez, envía señales al cuerpo para que se relaje y se calme (Russo et al., 2017).

En nuestro agitado estilo de vida moderno, hemos olvidado lo poderosa que puede ser la respiración. Hacer respiraciones profundas y controladas es lo último en lo que pensamos cuando tenemos que hacer frente a un trabajo estresante, a las responsabilidades familiares y a los retos sanitarios y medioambientales.

Tómate un momento para ser consciente de tu respiración y utiliza tus suspiros como medio para deshacerte de la tensión almacenada en tu cuerpo.

Incorpora el sonido a tu respiración profunda haciendo un ejercicio que se llama *la respiración del león* (simhasana) en sánscrito.

Siéntate cómodamente e inclínate ligeramente hacia delante, apoyando las manos en las rodillas.

Mantén los dedos de las manos lo más separados posible sin que esto suponga un esfuerzo para los mismos.
Inhala profundamente por la nariz.

Ahora abre bien la boca y saca la lengua, estirándola hacia la barbilla.
Exhala con fuerza sintiendo cómo el aliento se desplaza por la parte posterior de la lengua y emitiendo un profundo sonido "haaa".
Sé consciente de las vibraciones que el sonido envía a tu cuerpo y acógelas.
Respira normalmente un par de veces.
Repite la respiración del león seis o siete veces.

Un ejercicio de respiración y sonido más tranquilo que también te permitirá experimentar poderosas vibraciones calmantes es el conocido como *la respiración de la abeja zumbadora*.

Siéntate cómodamente con los ojos cerrados o con la mirada desenfocada en algún lugar al frente.

Mantén la espalda recta.

Cierra los oídos con los dedos índice o corazón.

Mantén la boca cerrada, pero deja una ligera abertura entre los dientes superiores e inferiores.

Respira profundamente por la nariz sin mover los hombros, dejando que el abdomen se expanda.

Exhala mientras emites un zumbido suave, como el de una abeja. No es necesario que el sonido sea fuerte.

Continúa respirando de esta manera durante unos cinco minutos, manteniendo plena atención a las vibraciones que se producen en todo tu cuerpo.

Si surgen pensamientos durante este proceso, apártalos amablemente para más tarde. Intenta recordarlos después del ejercicio, ya que pueden ser respuestas que has estado buscando durante mucho tiempo.

Una meditación para unificar el corazón y la respiración

Prueba esta eficaz pero sencilla meditación para combinar tu corazón y tu respiración en una poderosa sinfonía interior que te calmará y sanará. Hazla una vez al día durante un mes y comprueba si experimentas algún beneficio.

Este ejercicio implica tres respiraciones profundas.

. . .

ASCENDING VIBRATIONS

Párate cómodamente con los pies separados un poco más que los hombros, como si tu cuerpo tuviera forma de pirámide.

Coloca las manos suavemente sobre el corazón.

Inhala profunda y tranquilamente mientras visualizas la respiración entrando por los pies, subiendo por las piernas, las caderas, el abdomen y el pecho hasta llegar al corazón.

Exhala con un fuerte suspiro. Imagina que expulsas la respiración desde el corazón, llevándote con ella toda la energía estancada que estaba atrapada en la parte inferior del cuerpo.

Visualiza que tus pies están seguros y firmemente conectados a la tierra.

Para la segunda respiración, extiende los brazos completamente por encima de la cabeza. Imagina que tu cuerpo forma una pirámide invertida que apunta a tu corazón.

Vuelve a inspirar y, mientras escuchas el sonido de tu respiración, visualiza cómo entra por la parte superior de la cabeza, baja por el cerebro, la cara, el cuello, los hombros, la parte superior de la espalda y el pecho, y llega al corazón.

Vuelve a exhalar con fuerza mientras imaginas que expulsas la energía estancada de la parte superior de tu cuerpo y de tu mente a través de la respiración.

Visualiza un canal de comunicación abierto a la energía divina del cosmos, que se extiende a través de tus brazos hacia arriba.

La tercera respiración equilibrará las energías de la tierra y del cielo en tu corazón.

Baja los brazos y vuelve a colocar las manos sobre el corazón.

Inhala audible y profundamente por la nariz y visualiza la respiración entrando en tu corazón.

Exhala con fuerza y visualiza que la respiración vuelve a salir del corazón.

Quédate en silencio un momento y saborea la tranquila sensación de interconexión.

Llévate esta sensación a todas partes durante el resto del día.

LA SANACIÓN A TRAVÉS DEL SONIDO PARA PRINCIPIANTES

. . .

La música propia de la Tierra

¿Sabías que la tierra tiene una canción que vibra en su propia frecuencia? Esto se conoce como las resonancias Schumann. Tú también puedes aprovecharlas y utilizar sus propiedades curativas para mejorar tu vida.

En 1952, el científico alemán Winfried Otto Schumann, profesor de la Technische Hochschule de Múnich, sugirió la existencia de resonancias de baja frecuencia en la cavidad que se forma entre la superficie terrestre y la ionosfera. La ionosfera es la parte superior de la atmósfera terrestre que limita con el espacio, extendiéndose de 50 a 400 millas sobre la tierra (Besser, 2007).

Las resonancias Schumann son frecuencias electromagnéticas en el rango extremadamente bajo de 7 a 8 Hz. Las ondas electromagnéticas son puestas en movimiento por los rayos que caen por todo el planeta varias veces por segundo.

Estas frecuencias también resuenan con 432 Hz.

Musicoterapia

Somos más que cuerpos físicos. También tenemos cuerpos mentales, espirituales y emocionales. Todas estas facetas que conforman al ser humano tienen que sincronizarse en tempo y clave musical, de lo contrario, la música que emana de nosotros es fragmentada y disonante.

Las emociones actúan como el director de la orquesta y, cuando se alteran, todo tiende a desbaratarse.

En cambio, cuando nuestras emociones son positivas, la investigación científica ha demostrado que todos nuestros sistemas funcionan sin problemas (McCraty et al., 1995).

Esta interacción dinámica se conoce en biología como coherencia.

La música adecuada puede desempeñar un papel esencial en la obtención de coherencia en el cuerpo cuando nos permitimos adaptarnos a su ritmo constante. A esto se le llama "entrainment".

Un interesante artículo publicado en el Boletín de Musicoterapia señalaba que incluso el sonido de un metrónomo a un ritmo constante y relajante de 66 pulsaciones por minuto reducía la ansiedad de forma más eficaz que sentarse en silencio (Gadberry, 2011).

Nuestras emociones también vibran. Las emociones negativas, como la ira y el resentimiento, vibran a una frecuencia más baja que los sentimientos positivos. Escuchar la música adecuada puede elevar la vibración de las emociones negativas e influir así en nuestro bienestar emocional.

Ansiedad y depresión

La musicoterapia y otras formas de curación con sonido han sido eficaces para ayudar a quienes padecen ansiedad, ataques de pánico y depresión. Incluso cuando solo se utilizan junto con formas convencionales de terapia, los estudios han encontrado mayores tasas de éxito en aquellas personas que recibieron también el componente musical (Erkkilä et al., 2011).

El cerebro procesa el ritmo, el tempo y el tono en lugares distintos, y, cuando todo esto se combina en una experiencia tranquilizadora, puede cambiar la vida de una persona para mejor.

Excepto en el caso de las meditaciones, no suele haber componentes verbales en esta terapia de la misma manera que las conversaciones tienen lugar con otros tipos de terapias. Esto hace que el efecto de la musicoterapia sea mucho más fuerte, ya que se dirige a una parte de nuestra estructura emocional y mental que existe desde antes del habla. Los patrones lineales y lógicos y el razonamiento cognitivo no pueden interferir para calmar la ansiedad y aliviar la depresión a nivel subconsciente.

A nivel fisiológico, realizar una actividad agradable hace que el cerebro libere la hormona dopamina, conocida como la "hormona del placer", así como endorfinas, también conocidas como las "hormonas del bienestar", componentes químicos capaces de reducir el estrés.

Las reacciones de ansiedad ante los estímulos externos se producen cuando se activa nuestra respuesta de lucha o huida. Mientras que el hombre antiguo tenía que enfrentarse a tigres y leones reales que le perseguían, nuestra sociedad moderna tiene animales salvajes simbólicos que buscan nuestra sangre, como los agitados horarios de trabajo, las fechas límite y un flujo interminable de mensajes de texto y de correo electrónico. A menudo estos factores de estrés son continuos: no se pueden matar como los tigres físicos. Nunca conseguimos desconectar la adrenalina y el cortisol de la lucha o la huida, y esto tiene consecuencias negativas para nuestras emociones y nuestros cuerpos.

Calmar el parloteo nervioso interior también nos ayuda a calmar las respuestas al estrés. La música actúa sobre el sistema nervioso parasimpático del cuerpo, que es la red que nos permite sentirnos seguros, tranquilos y apoyados.

Cuando el sistema parasimpático se activa, la red simpática deja de producir la hormona cortisol, que induce la inflamación, y la producción de adrenalina disminuye rápidamente.

Si la música vibra en una frecuencia especialmente beneficiosa para nuestras emociones, una red nerviosa simpática tranquila y calmada abre el camino para que nuestro cuerpo adopte la frecuencia curativa y vuelva a encontrar su propia armonía interior.

Una meditación curativa para la depresión

Pon tu música relajante o paisaje sonoro de fondo mientras haces esta meditación guiada.

Si quieres escuchar frecuencias Solfeggio, 741 Hz es la que facilita el cambio y nos ayuda a encontrar de nuevo nuestra verdadera voz interior. Una alternativa es la frecuencia universal de 528 Hz.

Acomódate en una posición cómoda y cierra los ojos si te sientes a gusto haciéndolo. Si no, puedes dirigir una mirada desenfocada y tranquila hacia el suelo.

Sé amable contigo mismo y escucha las necesidades de tu cuerpo. Si necesitas tumbarte, hazlo. Si tu cuerpo quiere que te sientes en tu sillón favorito, hazle caso.

Toma conciencia de la sensación de tus pies en el suelo o de tus piernas tocando la tela de la silla. Permite que esta sensación te garantice que estás conectado a tierra y seguro sobre una superficie sólida.

Coloca una de tus manos sobre el corazón y la otra sobre el bajo vientre.

Inhala profundamente por la nariz, sintiendo que el vientre se expande conforme el aliento vital entra y te llena.

Exhala lentamente por completo, sintiendo que tu vientre se aplana de nuevo.

Vuelve a inspirar profundamente hacia tu vientre... y exhala completamente.

Sé consciente de que el aire nutre cada músculo y cada célula de tu cuerpo, moviéndose a través de ti y trayendo nueva vida.

Vuelve a inspirar profundamente hacia tu vientre... y exhala por completo. Imagina que la respiración exhalada se lleva toda la pesadez y la tristeza de cada rincón de tu ser.

Toma conciencia de la sensación de ligereza que se produce en tu cuerpo.

Continúa respirando de esta manera durante uno o dos minutos, concentrándote únicamente en el ritmo de tu respiración y en tu sensación de libertad y ligereza.
[Pausa]

Distraerte también está bien, sé amable contigo mismo. Vuelve a prestar atención a tu respiración.

Siente cómo te abres para dar espacio a la gratitud y a la sensación de ligereza cuando la pesadez se haya ido.
[Pausa]

Obsérvate con compasión y reconoce la pesada carga que has estado llevando al vivir con depresión. Asegúrate de que comprendes por qué te sientes agotado y desgastado, y abrázate mentalmente por haber sido fuerte durante tanto tiempo.

Dedícate el tiempo y la amabilidad que tu lucha contra la depresión merece.

Si tu voz interior surge con juicios y acusaciones, inhala compasión y amor hacia ella y observa cómo estas sensaciones negativas se disuelven en tu respiración exhalada.

Toma conciencia de la sencilla quietud que ha llegado al centro de tu ser y saborea su presencia.

Permítete volver a tener la esperanza de un hoy mejor, un mañana mejor y una vida mejor.

Vuelve a respirar profundamente hacia tu vientre... y exhala completamente.

Siente cómo la respiración recorre tu cuerpo y te llena desde los dedos de los pies hasta la coronilla.

Recordando la sencilla quietud, abre los ojos cuando estés preparado.

SONIDOS BINAURALES

. . .

Otro concepto popular en la terminología New Age son los sonidos binaurales. Algunas personas creen firmemente en su eficacia, pero otras rechazan las afirmaciones diciendo que son una exageración sin sentido.

Sin embargo, pueden ser de gran ayuda cuando se trata de la sanación por medio del sonido. Veamos qué son realmente los sonidos binaurales y cómo funcionan.

¿Qué son los sonidos binaurales y cómo funcionan?

Una forma de describir el fenómeno sería pensar en él como una ilusión cerebral auditiva con efectos reales. Se trata de un ritmo o sonido creado íntegramente por el cerebro.

Los sonidos binaurales sólo funcionan cuando se escuchan a través de auriculares estéreo. Lo que ocurre aquí es que un tono con una frecuencia específica se escucha en un oído y otro tono con una frecuencia ligeramente diferente se escucha en el otro oído simultáneamente. Los sonidos llegan por separado al colículo inferior del cerebro medio, que es donde se procesa la información auditiva. El cerebro combina los dos tonos diferentes en una nueva frecuencia que crea un efecto pulsante, el cual se percibe como un solo sonido entrante. El sonido que se escucha no existe en realidad.

Esto es fácil de comprobar si estás escuchando sonidos binaurales o ritmos acústicos normales. Si te quitas un auricular estéreo del oído, escucharás sólo un tono en el otro oído. Lo mismo ocurre en el otro lado si se invierte el proceso. Si vuelves a colocar ambos auriculares, el ritmo pulsante volverá a sonar. Esto demuestra que las frecuencias son "mezcladas" por tu cerebro y no por los altavoces antes de que los sonidos lleguen a tus oídos.

Las frecuencias se eligen para alinearse con las frecuencias de los cinco estados de las ondas cerebrales. El cerebro se alinea con la frecuencia combinada que escucha, algo que se conoce como efecto de seguimiento de la frecuencia.

Por lo tanto, es posible inducir una frecuencia específica de ondas cerebrales en el cerebro escuchando sonidos binaurales en la frecuencia adecuada. Esto es lo que se entiende por inducción cerebral o entrainment cerebral: atraes a tu cerebro hacia un estado mental deseado y elegido.

- La inducción cerebral puede funcionar negativamente, por ejemplo, en personas con epilepsia. Las convulsiones pueden ser desencadenadas por luces parpadeantes o ciertos ritmos musicales que hacen que el cerebro funcione mal en función de la constitución física de la persona.

Las ondas cerebrales implicadas son los cinco estados principales que se han mencionado anteriormente en este capítulo. Para recapitular, son, de la más lenta a la más rápida:

- Delta: Sueño profundo, curación, meditación intensa y acceso al subconsciente.
- Theta: Meditación, relajación y actividades creativas.
- Alfa: Concentración, actividades de aprendizaje, pensamientos positivos y relajación.
- Beta: Concentración aguda, resolución de problemas, pensamiento analítico y energía.
- Gamma: Acción cognitiva avanzada, gran atención a los detalles y creatividad poco ortodoxa.

La mayor prueba para cualquier tipo de tratamiento o intervención sigue siendo si realmente funciona. Las opiniones médicas están divididas en cuanto a su eficacia, pero la investigación es continua.

Los terapeutas del sonido y los sanadores han utilizado esta técnica con éxito durante muchos años para aliviar la ansiedad y combatir la depresión.

Cabe señalar que algunos estudios han descubierto que los sonidos binaurales en las frecuencias más bajas (theta y delta) aumentan la depresión, mientras que los de las frecuencias más altas, como la beta, reducen sistemáticamente los niveles de ansiedad y disminuyen la depresión.

Lo mismo ocurre con la mejora o la disminución de la memoria. Las frecuencias más altas produjeron un mejor desempeño de la memoria, mientras que las frecuencias más lentas interfirieron con ella (Chaieb et al., 2015).

Es importante recordar que los humanos somos muy diferentes entre sí pese a nuestras similitudes. Experimenta con los sonidos binaurales hasta que encuentres el que funcione para lo que necesitas.

Cosas importantes a recordar

Cuando se empieza con los sonidos binaurales, puede ser tentador hacerlo en exceso para acelerar los resultados. Sin embargo, no será así.

- Empieza con las frecuencias más lentas en lugar de las rápidas para darle a tu cerebro la oportunidad de adaptarse al nuevo patrón.
- Escucha toda la pista de principio a fin. No te lances a la mitad pensando que así llegarás antes a la parte más intensa. Las pistas están diseñadas para llegar a un clímax y luego volver a bajar. Es un poco como ir al

gimnasio y calentar antes de empezar la rutina de ejercicios.
- Limita el tiempo de escucha a 90 minutos al día durante las dos primeras semanas. Al igual que los músculos, el cerebro también necesita tiempo para descansar entre los ejercicios de inducción.
- No subas demasiado el volumen. El cerebro se concentra mejor en el sonido si el volumen es bajo. Sólo deberías poder oír el sonido oscilante del pulso.
- Algunas personas experimentan efectos secundarios derivados de los sonidos binaurales al principio, como ligeras náuseas, dolores de cabeza y el resurgimiento de viejos recuerdos y emociones. Esto es natural, puesto que estás construyendo nuevas vías neuronales en tu cerebro y reorganizando, por así decirlo, algunas cosas. Esto pasará al cabo de unos días. Una vez que la nueva vía se haya formado, estará ahí para que accedas a ella cuando la necesites con el fin de cambiar tu estado de ondas cerebrales.

Hay una gran variedad de sonidos binaurales disponibles para descargar gratuitamente si quieres experimentar primero antes de gastar dinero en la compra de pistas.

Ten en cuenta las pautas anteriores y empieza a utilizarlas a tu favor.

ASMR

OTRA TÉCNICA ÚTIL ES LA RESPUESTA SENSORIAL MERIDIANA autónoma (ASMR).

. . .

El ASMR puede definirse como una agradable sensación de hormigueo en el cuero cabelludo, el cuello, la parte superior de la columna vertebral y, a veces, las piernas, que se produce por estímulos auditivos. Esta sensación ayuda a las personas a sentirse más alerta, relajadas y profundamente tranquilas.

Los estímulos pueden incluir cualquier cosa, desde susurros, golpes ligeros, golpes con un cepillo y toallas siendo dobladas, hasta la masticación ruidosa, patrones de luz y la manipulación de slime artificial.

El nombre de respuesta sensorial meridiana autónoma fue acuñado en 2010 por Jennifer Allen. Los debates sobre el fenómeno comenzaron en 2007 en un grupo de Facebook, pero en ese momento nadie sabía cómo llamar a las sensaciones ni qué las causaba. Algunas personas le atribuyeron un contenido sexual a las sensaciones, comparando los hormigueos cerebrales con un orgasmo, aunque la mayoría parece estar de acuerdo en que no tiene nada que ver con la excitación sexual.

Allen propuso el nombre ahora aceptado para estandarizar la terminología y mantenerla neutral.

Los efectos del ASMR

Según las investigaciones neurocientíficas, hay respuestas fisiológicas definidas al escuchar estas señales auditivas.

En una entrevista online, el psicólogo y neurocientífico Nick Davis, de Manchester, explicó que el ritmo cardíaco se ralentiza y los pelos de la piel se erizan. Esto es inducido por el estado psicológico asociado que los sonidos provocan en el oyente. Davis propone que los sonidos hacen aflorar sensaciones de seguridad, calidez y consuelo porque los sonidos son lo suficientemente suaves como para que normalmente solo se escuchen si se está muy cerca de alguien (Wired, 2019).

En un estudio en el que los participantes vieron videos de ASMR en un escáner de IRMf, sus cerebros mostraron actividad en las áreas donde se localizan las emociones, los comportamientos asociados a agradar a la gente y la empatía. Las actividades en estas regiones cerebrales fueron observadas previamente por los científicos cuando los participantes del estudio escucharon música excepcionalmente emotiva que les provocó el fenómeno conocido como *frisson* o escalofríos, así como durante experiencias de vinculación social (Lochte et al., 2018).

Cabe preguntarse si el entorno ruidoso e intimidante de una máquina de IRMf podría haber sido un factor inhibidor para los participantes. Si es así, esto implica que podrían estar involucradas incluso más regiones cerebrales que aún desconocemos.

¿Cuál es la relevancia del ASMR con respecto a la *curación a través del sonido*?

Uno de los síntomas emocionales que suelen experimentar los pacientes de la terapia de sonido es la sensación de aislamiento, a menudo acompañada de ansiedad y depresión. Nuestro estilo de vida moderno y la abundancia de la comunicación online no conducen al mismo nivel de contacto social y vinculación que las generaciones anteriores experimentaron.

Si se acepta la teoría de que una de las posibles raíces del ASMR se encuentra en el comportamiento de acicalamiento de los animales, es fácil ver cómo los sonidos del ASMR que fomentan la sensación de cercanía pueden ayudar a alguien a superar los pensamientos de soledad y ansiedad.

La naturaleza detallada de algunos videos de ASMR también apunta a que los espectadores experimentan una sensación de que alguien cercano les está prestando atención. Los sonidos son tranquilizadores.

El psicólogo Nick Davis ha sugerido la posibilidad de que la afinidad con la estimulación ASMR sea un rasgo genético. La depresión y otras afecciones mentales también pueden tener un componente genético. Quizás eso no sea casualidad (Wired, 2019).

Los mismos sonidos que reconfortan a los amantes del ASMR pueden provocar una inmensa irritación y una intensa aversión en otros. Esta condición se conoce como misofonía y también suele ser genética.

Según algunos científicos, muchas de las personas que se convierten en aficionadas a los videos y actividades de ASMR tienen en común una disposición cariñosa, emocionalmente vulnerable y empática. Estas personas podrían estar más abiertas a permitir que las respuestas a los estímulos externos lleguen a su mundo consciente que las que tienen un marco emocional diferente (Wired, 2019).

Si se observan los comentarios de los videos de ASMR publicados en sitios como YouTube, queda claro que las personas experimentan un verdadero alivio de afecciones como el insomnio, los cambios de humor y la soledad.

Tonos isocrónicos

Otra herramienta a disposición de los creadores de la inducción cerebral es la técnica de utilizar tonos isocrónicos.

Estos son tonos cortos y únicos que van y vienen en intervalos regulares y pueden utilizarse junto con los sonidos binaurales y monoaurales. Estos proporcionan sonidos nítidos y distintivos, y suelen estar integrados en los sonidos de la naturaleza.

Los tonos isocrónicos se utilizan, junto con los otros tipos de técnicas de inducción cerebral, para tratar el insomnio, la ansiedad, el control del dolor, la regulación del estado de ánimo y el trastorno por déficit de atención e hiperactividad (TDAH).

Se ha investigado mucho menos sobre los tonos isocrónicos que sobre los sonidos monoaurales y binaurales.

Curación pasiva con mensajes subliminales

Los mensajes subliminales son información que llega al cerebro en un lapso de tiempo tan breve que no se registra conscientemente. Es decir, están por debajo de lo que se conoce como el nivel de umbral absoluto de nuestra conciencia. Incluso si buscamos estos mensajes, no seríamos capaces de detectarlos. Esto incluye los estímulos auditivos, sensoriales y visibles.

Esto debe contrastarse con los mensajes supraliminares que sí pueden detectarse, sólo que no necesariamente los notamos.

La historia popular sobre los orígenes de los mensajes subliminales comenzó en 1957 con un investigador de marketing llamado James Vicary. Él afirmó haber impulsado las ventas de Coca-Cola y las palomitas de maíz durante la proyección de la película *Picnic*, ganadora de un premio de la Academia, haciendo aparecer en la pantalla anuncios muy breves de los dos productos cada cinco segundos. Los anuncios sólo duraban un tercio de segundo.

En un experimento posterior, Vicary no pudo replicar estos resultados y más tarde admitió haber mentido sobre todo el asunto.

Investigaciones posteriores descubrieron que los mensajes subliminales pueden funcionar, pero no pueden obligar a nadie a hacer o comprar algo contra su voluntad. Sólo funcionan cuando existe un deseo.

Cuando se utilizan en técnicas de curación, los mensajes subliminales pueden reforzar la intención del paciente de mejorar porque el deseo ya está ahí: la persona quiere sentirse mejor y más tranquila.

En un estudio realizado en Inglaterra, los psicólogos demostraron que las personas deprimidas están en sintonía con las señales subconscientes y la información que reforzará su estado mental negativo. Las personas no saben que lo están haciendo y no pueden detenerlo conscientemente o cambiar su comportamiento (Mogg et al., 1993).

Un terapeuta de sonido puede intervenir en este comportamiento subconsciente y contrarrestar los mensajes negativos con afirmaciones positivas y estímulos, convenciendo al subconsciente de la persona para que empiece a buscar refuerzos positivos en lugar de afirmaciones y datos deprimentes.

Cómo crear tus propios mensajes subliminales

Escuchar mensajes subliminales adaptados a tus necesidades y pronunciados con tu propia voz puede ser mucho más poderoso que comprar algo hecho por un extraño.

Tampoco necesitas un complicado software informático ni conocimientos en ingeniería para hacerlo.

Descárgate cualquiera de los editores de audio gratuitos disponibles, como Audacity, el cual es sencillo de usar y fácil de aprender. Asegúrate de tener un micrófono que funcione y se conecte directamente al ordenador para obtener grabaciones claras, como los micrófonos que vienen en los auriculares.

Haz una lista de lo que quieres decir exactamente. Formula tus mensajes subliminales hasta la última palabra para que puedas simplemente leer y plasmar tu emoción cuando llegue el momento de grabar, todo esto sin necesidad de pensar en el contenido.

Sé específico. "Quiero librarme de la depresión en 90 días" está más centrado en el presente y en lo que quieres conseguir que "quiero ser feliz".

Procura que tus mensajes sean positivos. No te concentres en lo que no quieres, sino en lo que sí quieres como reemplazo de la situación no deseada. "Ya no quiero estar deprimido" pone el foco en el lado negativo de tu vida. Utiliza más bien "Ya no estoy deprimido"; empieza desde una perspectiva como si ya hubieras conseguido tu objetivo.

Usa el tiempo verbal presente y escribe desde tu corazón. Tú conoces tus verdaderos deseos mejor que nadie.

Graba tus mensajes con la música que elijas y exporta el archivo a un formato que puedas reproducir en tu teléfono o en tu computadora, como el mp3.

7
SINTONIZA TU CUERPO, TU MENTE Y TU ALMA EN UN PARADIGMA ACTUALIZADO

Escuchar un instrumento musical que no está afinado es una molestia para la mente y los sentidos. Aunque no seas un gurú de la música y no sepas cuál es el problema, no te sientes bien. Simplemente sabes que estás incómodo y que algo tiene que cambiar.

La misma situación se da en nuestros cuerpos, mentes y almas cuando nuestras melodías internas se desajustan. Nos sentimos angustiados e incómodos, a menudo sin saber por qué. La angustia puede manifestarse en forma de enfermedad tanto en el cuerpo como en la mente.

La sanación con sonido puede volver a afinar nuestras armonías para que vuelvan a funcionar juntas en la gloriosa sinfonía para la que fuimos creados.

RECUPERACIÓN Y BIENESTAR TOTAL A TRAVÉS DEL SONIDO

EN LAS ÚLTIMAS DÉCADAS, SE HAN REALIZADO GRANDES AVANCES en el campo de la medicina vibracional y regenerativa. Esto demuestra, incluso para los escépticos, que nuestros cuerpos están formados por vibraciones y energía. Las ondas sonoras son una parte integral de la manipulación y el restablecimiento de nuestras vibraciones para obtener un bienestar óptimo.

El científico Nikola Tesla dijo que todos los secretos del universo se pueden encontrar si se piensa en términos de energía, frecuencia y vibración.

La salud tiene que ver principalmente con el grado de homeostasis que podemos alcanzar respecto a todos estos factores. Una persona sana vibra, en su conjunto, a un ritmo constante y todas sus células y órganos están en sintonía.

Cualquier alteración en este tempo de vibración uniforme y estable provoca enfermedades y malestar. Hacer que nuestra energía y nuestras vibraciones vuelvan a estar donde deben estar mediante el uso de herramientas como los diapasones y los cuencos cantores es una forma excelente y no invasiva de recuperar el bienestar total.

Movimiento vibracional

Mientras que algunas vibraciones consisten en grandes ondas que podemos ver, como las mareas oceánicas y los cambios de estación, hay vibraciones en todas las escalas que ocurren dentro y alrededor de nosotros todo el tiempo.

Con potentes microscopios atómicos, los científicos han detectado nanovibraciones incluso más pequeñas que la $1/1.000^a$ parte del diámetro de un cabello humano. Cada nanovibración genera un campo electromagnético que influye en la composición química responsable del funcionamiento de nuestras células. Se ha detectado que las manos de los practicantes de Reiki y Qigong emiten el mismo tipo de energía (Kučera y Havelka, 2012).

Las distintas moléculas vibran a ritmos diferentes y, cuando se produce un cambio en el entorno vibracional, este repercute en todas ellas. Esta influencia a veces puede ser contraproducente.

Nuestro comportamiento, los pensamientos, la temperatura ambiente y el entorno son algunos de los factores que pueden cambiar el ritmo vibracional de las células y las moléculas a nivel nanométrico. La música puede hacer lo mismo, como se ha expuesto en capítulos anteriores.

Un sistema saludable de energía vibracional es vital para la salud física, mental y espiritual.

Los sonidos adecuados en las frecuencias correctas, combinados con ejercicios de respiración, meditación, yoga, un programa de ejercicio físico responsable, una dieta saludable y modalidades de tacto curativo como el Reiki constituirán una fórmula ganadora para volver a alcanzar la salud plena en todos los aspectos.

Más adelante, en este capítulo, veremos en mayor detalle algunas de las herramientas disponibles para practicar la sanación a través del sonido.

Medicina energética

Uno de los campos de terapia complementaria se llama medicina energética. Aunque incluye algunas de las terapias de contacto, se trata de un concepto amplio que toca también la medicina regenerativa. La medicina regenerativa se ocupa de las técnicas para reparar y sustituir tejidos, células y órganos enfermos y disfuncionales.

La base de la medicina energética reside en la física cuántica y en la demostración de Einstein de que la energía y la materia son intercambiables. Ninguna materia existe con total certeza, sino sólo con la posibilidad de existir. Eso significa que podemos cambiar la condición de la materia con la adición de tipos y cantidades puntuales de energía.

Este principio se ha utilizado en la ortopedia para curar roturas óseas en las que el hueso no se ha curado con los métodos convencionales. Esto se conoce como fractura crónica sin unión. Mediante el uso de un campo electromagnético pulsado producido por un equipo especializado, se induce en un hueso roto el mismo tipo de corriente que habría producido la manipulación mecánica. Eso ayuda a que la fractura se cure (Prestwood, 2003).

ESENCIA Y RE-CREACIÓN ENERGÉTICA

ESTAMOS SIENDO CONSTANTEMENTE BOMBARDEADOS CON frecuencias discordantes y poco armónicas. Las interacciones ansiosas o de enfado con la gente, el estrés, los entornos ruidosos o contaminados, los sentimientos de culpa y la tristeza son sólo algunos de los retos sonoros a los que nos enfrentamos cada día.

Todas estas cuestiones desajustan nuestros sistemas y, cuando el estado de alteración se prolonga lo suficiente, empezamos a padecer enfermedades mentales y físicas. Los practicantes de la medicina energética creen que los cambios en nuestras células causados por la falta de armonía abren las puertas para que las bacterias y los virus entren y florezcan.

Los seres humanos somos mucho más que la mera suma de nuestros componentes físicos: no somos una máquina como pensaban los antiguos científicos. También estamos formados por varios cuerpos energéticos sutiles que forman la totalidad de nuestro ser. La interacción entre nuestros cuerpos energéticos y nuestra forma física crea nuestra existencia en la tierra.

Las energías pueden desequilibrarse fácilmente y su reequilibrio es esencial para mantenernos fieles a nuestra esencia.

Existen siete cuerpos energéticos, también llamados biocampos, que han sido reconocidos desde la antigüedad. Son los cuerpos etérico, emocional, mental inferior, mental superior, causal, del alma y espiritual integrado.

- El cuerpo etérico es el más cercano al cuerpo físico. Es más denso que cualquiera de los otros cuerpos. Contiene el "plan maestro" energético del cuerpo físico y vibra a una frecuencia ligeramente superior a la del físico.
- El cuerpo emocional es el hogar de nuestros sentimientos y emociones.
- El cuerpo mental inferior alberga nuestros procesos mentales y pensamientos racionales. Los pensamientos impulsados por una emoción específica pueden tomar una forma material.
- El cuerpo mental superior recibe las percepciones del reino espiritual.El cuerpo causal es la puerta de entrada a la conciencia colectiva de toda la humanidad.
- El cuerpo del alma es espíritu puro. La inspiración y la información que necesitan los cuerpos inferiores se obtienen aquí y se filtran hacia donde se necesiten.
- El cuerpo espiritual integrado fusiona todos los demás cuerpos sutiles.

LAS LÍNEAS DE ENERGÍA QUE RECORREN TODO NUESTRO CUERPO SE conocen con distintos nombres. La literatura ayurvédica india habla de nadis, mientras que la MTC los llama meridianos.

Los canales recorren siete vórtices de energía que los conectan, conocidos como chakras. Los chakras se describen como ruedas giratorias de energía que pueden desequilibrarse o bloquearse, lo que da lugar a una energía desequilibrada que funciona a un ritmo vibratorio equivocado.

Aunque algunos textos antiguos hablan de 112 chakras, son siete los que se reconocen generalmente. Vale la pena volver a describir los chakras, ya que son de gran importancia.

Los chakras están dispuestos a lo largo del cuerpo de menor a mayor.

- El chakra raíz: Situado en la base de la columna vertebral, el chakra raíz es la sede de nuestra conexión física con la tierra, los sentimientos de estabilidad mental, la confianza en uno mismo y el grado en el que nos sentimos seguros y protegidos. Está asociado con las piernas y los pies.
- El chakra sacro: Justo por encima del chakra raíz, en medio del bajo vientre y unos cuatro dedos por debajo del ombligo, se encuentra el segundo chakra. Este está relacionado con la salud reproductiva y con el aspecto emocional de las relaciones.
- El chakra del plexo solar: Está situado en la zona del ombligo y se cree que es un punto de encuentro para todos los nadis, o canales de energía, que recorren el cuerpo. Se asocia con la imagen personal y los problemas digestivos.
- El chakra del corazón: Se encuentra donde está el corazón físico y se relaciona con todo lo relativo al amor por uno mismo y por los demás.
- El chakra de la garganta: Se encuentra en la base de la garganta y rige todo tipo de comunicación, la confianza para hablar con la verdad, y también la cabeza, el cuello, los hombros y la boca.
- El chakra del tercer ojo: Está situado entre las cejas y en el centro de la cabeza. Se relaciona con la conexión del ser con el mundo espiritual y potencia la intuición.
- El chakra corona: El séptimo chakra se encuentra fuera

del cuerpo, en la coronilla. Se describe como un puente entre el cielo y la tierra. Físicamente, el chakra corona está asociado a la coordinación y al sistema neurológico.

Relajación profunda y plenitud

El mejor interruptor de reinicio para nuestros cuerpos y mentes es la relajación profunda. Esta desactiva las reacciones químicas nocivas, refuerza el sistema inmunitario y trae la paz a nuestros corazones.

La utilización del sonido constituye una de las formas más eficaces de relajarse por completo. Un baño de sonido puede limpiarte hasta un nivel celular de la misma manera que un baño físico en la bañera puede limpiarte el cuerpo. Las vibraciones armónicas estimulan las ondas cerebrales alfa y theta que hacen posible una curación profunda. El ritmo cardíaco y el sistema respiratorio se ralentizan, la presión arterial desciende a niveles relajados y el estrés puede liberarse por completo.

Las personas con enfermedades y dolores crónicos pueden beneficiarse enormemente de los baños de sonido regulares.

El sonido es menos estructurado que la música convencional, lo que permite a la mente vagar libre de preocupaciones por los ritmos y la melodía.

Los cuencos cantores, las campanas y los gongs son algunos de los instrumentos que se utilizan habitualmente. Más adelante se hablará de ellos de forma más detallada.

Los efectos de un baño de sonido son similares a los experimentados con la meditación profunda regular.

Un estudio realizado por científicos alemanes y austriacos sobre la eficacia de la música añadida a un programa de relajación encontró resultados definitivamente mejores entre el grupo que también escuchaba música (Kappert et al., 2019).

Un nuevo paradigma de medicina holística

El enfoque científico y médico occidental siempre ha sido reduccionista, lo que contrasta con el modelo oriental de paradigma holístico.

Según los principios reduccionistas, un todo se descompone en sus partes constituyentes para entender cómo funciona el conjunto. Se acepta que el todo no puede ser más que la suma de sus partes.

Los nervios, las células sanguíneas, los huesos y los músculos deben proporcionar todas las respuestas a las preguntas médicas y facilitar todas las curas.

A menudo se mira al paciente aislado de su historia y su entorno porque se consideran factores subjetivos que no se pueden tener en cuenta.

Se espera que un procedimiento realizado de una manera determinada y dentro de ciertos parámetros ofrezca siempre los mismos resultados. Cualquier desviación se considera desfavorable.

La visión del mundo de los profesionales suele ser la de un universo caótico que sólo puede gestionarse mediante la disección y el control.

Por el contrario, una actitud holística parte de la creencia de que el todo nunca puede entenderse mirando sus partes porque es mucho más grande que sus partes visibles.

Los recuerdos del pasado, junto con el entorno actual, se consideran colaboradores que interactúan en relación con la salud del paciente.

Los sentidos del profesional forman parte del procedimiento de diagnóstico tanto como cualquier equipo médico.

Los resultados opuestos en los procedimientos se toman con calma porque se acepta que los seres humanos difieren en gran medida, especialmente cuando se ven en el marco de su pasado.

Los remedios se utilizan tal y como los creó la naturaleza.

Para los profesionales de la salud holística, el universo es un lugar ordenado, orgánico y con sentido que hay que estudiar y disfrutar.

La sanación a través del sonido se esfuerza por ser totalmente holística para sanar a toda la persona, no sólo a un órgano.

Explorando la cámara de sonido intradimensional

Las células del cuerpo están hechas para regenerarse según complejos patrones geométricos.

Para ello, existe un dispositivo creado por el acupresor y maestro de Reiki Tom Hunt, al que él denomina cámara de sonido intradimensional. Según los recursos online, sólo hay unas pocas cámaras en funcionamiento en Estados Unidos, pero los que se han tratado en ellas han descubierto que la experiencia es notablemente relajante y equilibradora (Sound Coherence, s.f.).

La estructura tiene un marco hueco construido con un patrón geométrico sagrado que se dice que se asemeja al marco cuadriculado que rodea al cosmos. Una música especializada se reproduce a través de la estructura, creando patrones vibratorios que mueven las moléculas en su nivel más elemental para sanar y relajar el cuerpo.

Hunt cree que una hora de meditación sonora en su cámara equivale a un año de meditación profunda (Sound Coherence, s.f.).

. . .

Síntesis de sonido

La síntesis de sonido es el proceso de crear una señal sonora electrónicamente sin la presencia de ningún tipo de fuente acústica.

Esto ha dado lugar a lo que se conoce como meditación electrónica. Los sonidos producidos por un sintetizador pueden reproducirse a través de altavoces que pueden estar incrustados en sillones o mesas de masaje; de esta forma, se consigue una inmersión total en la vibración y el sonido. Técnicas como los sonidos binaurales hacen uso de esta tecnología.

Otro tipo de curación por medio del sonido electrónico es la llamada terapia bioacústica. Esta consiste en analizar la voz de una persona en busca de las llamadas frecuencias perdidas. Los defensores de esta terapia dicen que las frecuencias perdidas están relacionadas con enfermedades del cuerpo y la mente. La terapia consiste en grabar esas frecuencias para que el paciente las escuche con regularidad hasta que haya completado su perfil vocal.

En la terapia cimática, los órganos se exponen a frecuencias específicas y combinaciones de frecuencias que han sido cuidadosamente seleccionadas para equilibrar y sanar ese órgano (Snow, 2011).

Algunas personas no están de acuerdo con que las señales electrónicas puedan proporcionar la misma curación efectiva que los sonidos acústicos, mientras que otras creen que el uso de más equipos electrónicos hará que estas terapias sean más aceptadas por la comunidad médica convencional.

Equilibrio sonoro con diapasones

Cuando la enfermedad te alerta de que tu cuerpo se ha salido de su ritmo, una sesión de sintonización con diapasones podría ser todo lo que necesitas. Los diapasones estimulan al cuerpo para que inicie su proceso natural de curación y refuerzan el sistema inmunológico para contribuir a esta tarea.

A través de las vibraciones que viajan por todo el cuerpo transportadas por el agua que constituye la mayor parte de nuestro organismo, los diapasones abren las vías energéticas, ayudan a eliminar los bloqueos, alivian el dolor y liberan la tensión.

¿Qué son los diapasones?

Los diapasones son dispositivos resonantes, es decir, pueden producir un sonido. Estos suelen estar hechos de aluminio. En épocas pasadas, se utilizaba el acero. Constan de dos puntas, o púas, en forma de U que se asientan sobre un mango o varilla.

Los diapasones fueron inventados en 1711 por un músico británico llamado John Shore para afinar instrumentos musicales.

El tono de la nota musical que el diapasón emite al golpear las púas contra la palma de la mano o un objeto viene determinado por la longitud y la masa de las púas. El dispositivo se sujeta por el mango porque las dos púas vibran en direcciones opuestas y tocar el mango no afecta en absoluto a su mecanismo.

Los diapasones producen un tono puro. El sobretono armónico que se crea automáticamente cuando se golpean las púas para iniciar el tono fundamental se apaga rápidamente debido al diseño del diapasón. Sin embargo, el tono fundamental se mantiene por sí solo durante bastante tiempo. Esto lo convierte en una herramienta eficaz para los terapeutas de sonido.

Los diapasones se fabrican para emitir frecuencias de 64 Hz a 4.096 Hz y suelen venderse en juegos que cubren todas las frecuencias. No necesitan atención muy a menudo para mantenerse afinados.

Algunos diapasones tienen un peso redondo en la parte superior de cada punta. Las pesas pueden deslizarse hacia arriba y hacia abajo. Estos diapasones se denominan diapasones ponderados o afinadores Otto. La palabra "Otto" es la abreviatura de "osteofónico". "Osteo" se refiere a los huesos y "fónico" al sonido.

Las pesas pueden reforzar la vibración emitida para que llegue a los huesos y alivie el dolor articular.

¿Para qué se usan los diapasones?

Los profesionales de la sanación con sonido utilizan los diapasones para aliviar la tensión, aliviar el dolor muscular y articular, reducir la inflamación estimulando la liberación de óxido nítrico en la sangre, aliviar los espasmos musculares, calmar la ansiedad, centrar, enraizar, reequilibrar los sistemas corporales para lograr la homeostasis, estimular la digestión y promover el sueño profundo.

Las vibraciones actúan sobre los canales y puntos energéticos de forma similar a la acupuntura, pero utilizando el sonido en lugar de las agujas para estimular el cuerpo.

Aspectos importantes a la hora de comprar diapasones

Hay muchos tipos diferentes disponibles y elegir una horquilla o un set puede ser difícil. De qué metal debe estar hecho, con o sin peso, qué frecuencias son las mejores... Las opciones pueden ser confusas, especialmente al principio.

La primera pregunta que hay que responder es para qué quieres usar los diapasones. ¿Cuáles son tus intenciones y necesidades? ¿Quieres usarlos en una clínica de sanación o son sólo para ti? ¿Todavía estás experimentando con sus efectos o tienes experiencia con ellos? ¿Qué tipo de dolencias y problemas vas a tratar?

También es importante que te acerques a tu elección con tu instinto y no sólo con el razonamiento del cerebro izquierdo. Algunos diapasones resonarán en tu alma sin hacer el menor ruido y otros no. En última instancia, tu decisión debe basarse en quién eres y en lo que quieres hacer.

Algunos juegos de diapasones se apoyan en las frecuencias Solfeggio con sus raíces en la numerología y los dígitos tres, seis y nueve. Los sets armónicos solares se basan en los cinco elementos: agua, fuego, tierra, éter y aire. ¿Hacia qué tipo de set te sientes atraído?

Cierra los ojos y piensa en cada uno de los sets que estás considerando. ¿Sientes alguna inquietud al pensar en uno de ellos? Entonces es probable que sea el otro el que debas elegir.

Diapasones de Solfeggio

La escala musical Solfeggio forma parte de un sistema que se cree antiguo, incluso más que los conocidos cantos gregorianos que la utilizan. También se cree que se utilizaba en las antiguas enseñanzas y ceremonias sánscritas de la India.

Cada tono comprende frecuencias que se cree que imparten bendiciones y equilibrio espiritual a cualquiera que las escuche.

El nombre de Solfeggio proviene del uso de las sílabas sol-fa para denotar los tonos, un sistema musical conocido como solmización. Originalmente había seis frecuencias. Posteriormente se añadieron tres más. Las sílabas de las seis primeras son ut, re, mi, fa, sol y la.

- **Ut** queant laxis: Liberando la culpa y el miedo

- **Re**sonare fibris: Deshaciendo situaciones y facilitando el cambio
- **Mi**ra gestorum: Transformación y milagros
- **Fa**muli tuorum: Conexión/relaciones
- **Sol**ve polluti: Despertando la intuición
- **La**bii reatum: Volviendo al orden espiritual

Las seis frases que ahora se asocian a los tonos Solfeggio formaban la mayor parte del primer verso de un himno en honor a Juan el Bautista, escrito por Guido de Arezza. Guido utilizó el conocido himno para enseñar a sus estudiantes de música los sonidos y las notas de la escala, una escala que ya existía. El himno ha llevado a muchos a creer, erróneamente, que Guido fue el creador de los tonos Solfeggio.

El conocimiento de los tonos llegó a la conciencia moderna en la década de 1970 gracias al investigador y físico Dr. Joseph Puleo. Él utilizó principios numerológicos para identificar las primeras seis frecuencias.

Los tonos Solfeggio han sido calificados como los únicos tonos puros porque están en armonía con la estructura del universo. También están estrechamente alineados con la frecuencia de las resonancias Schumann de 8 Hz (consulta la explicación de estas resonancias en el capítulo 6).

Las frecuencias originales son 396 Hz, 417 Hz, 528 Hz, 639 Hz, 741 Hz y 852 Hz. Las tres que se añadieron posteriormente son 174 Hz, 285 Hz y 963 Hz. Los sets de diapasones de Solfeggio suelen incluir las nueve frecuencias.

174 Hz

Se utiliza para aliviar el dolor y el estrés. Algunos sanadores describen esta frecuencia como un anestésico natural que aporta una sensación de seguridad a todos los órganos del cuerpo. Su sonido grave y relajante es un buen comienzo para cualquier sesión de conexión a tierra y de centrado.

285 Hz

Esta es la frecuencia que se utiliza para fomentar el rejuvenecimiento físico y reparar los daños en las células y los tejidos. También se centra en el campo energético para reparar los agujeros del aura, limpiar los bloqueos y alinear todos los chakras.

396 Hz

A esta frecuencia se le atribuye la capacidad de penetrar en lo más profundo de nuestro subconsciente para liberarnos del miedo y la culpa y aliviar el dolor. Esto eliminará cualquier bloqueo que te impida alcanzar todo tu potencial.

Se asocia con el primer chakra, o raíz, y con el color rojo.

417 Hz

Esta frecuencia provoca cambios positivos y estimula la creatividad, ayudándonos a encontrar soluciones a los problemas. Elimina la energía negativa tanto de la persona como del entorno. Puede ayudar a establecer hábitos nuevos y más saludables.

También puede ayudar a aflojar los músculos rígidos y las articulaciones tensas para mejorar la movilidad.

La frecuencia está asociada al segundo chakra, o sacro, y al color naranja.

528 Hz

Esta frecuencia suele denominarse la frecuencia universal de los milagros. Se cree que es capaz de reparar el ADN, transformar las relaciones, impulsar la espiritualidad y ayudar a la persona a recuperar su equilibrio emocional.

A menudo se utiliza para aliviar el dolor y la ansiedad. Muchos sanadores la utilizan para ayudar a perder peso, ya que puede formar nuevas vías neuronales en el cerebro, lo que conduce a hábitos de alimentación y estilo de vida más saludables.

Se asocia con el tercer chakra, o plexo solar, y con el color amarillo.

639 Hz

Esta es la frecuencia de las conexiones. La misma puede ayudar a reparar y fortalecer las relaciones entre las personas y con uno mismo, aportando armonía si es que había discordia. También se asocia a conseguir que las personas sean lo suficientemente valientes como para ser emocionalmente vulnerables y establecer conexiones íntimas.

Se asocia con el cuarto chakra, el del corazón, y con el color rosa.

741 Hz

741 Hz, también conocida como la frecuencia de desintoxicación, ayuda a purificar el cuerpo, el corazón y la mente de intenciones y residuos dañinos. Despierta la intuición y aumenta la claridad mental. También aporta el valor necesario para defender la verdad propia.

Se asocia con el quinto chakra, o el de la garganta, y con el color azul.

852 Hz

Esta es la frecuencia que nos ayuda a alinearnos con las verdades espirituales y a recuperar nuestra conciencia del orden espiritual de todas las cosas.

Nos ayuda a reconocer las ilusiones y a ver a través de ellas. Puede provocar sueños profundos y significativos.

Esta frecuencia está asociada al sexto chakra, o tercer ojo, y al color violeta/púrpura.

936 Hz

El tono más alto de todos es el que nos acerca a un estado perfecto de unidad con el espíritu del universo.

Esta frecuencia puede ayudar a la canalización espiritual y a contactar con los maestros ascendidos y las dimensiones superiores.

Se asocia con el séptimo chakra, o corona, y con los colores blanco y dorado.

Diapasones armónicos solares

UN CONJUNTO DE DIAPASONES ARMÓNICOS SOLARES CONSISTE EN una octava completa de notas musicales, que empieza en C y termina en la siguiente C. Cada nota tiene una frecuencia específica. Estas notas se utilizan conjuntamente para aprovechar los intervalos entre ellas.

La nota C (256 Hz) y la nota G (384 Hz) juntas son específicamente eficaces. El intervalo entre ellas se conoce como quinta perfecta. Vibran juntas en una relación de 2:3. Esto significa que el diapasón de C vibra dos veces más rápido que un diapasón de C sin golpear de 128 ciclos por segundo, mientras que el diapasón de G vibra tres veces más rápido que ese C sin golpear.

Esta relación se considera sagrada en muchas tradiciones y se asocia al vínculo entre las matemáticas y el universo.

Según algunas leyendas, el matemático griego Pitágoras consideraba que este intervalo era extremadamente terapéutico y capaz de transformar. Un set formado únicamente por estos dos diapasones también se conoce como set pitagórico.

Las frecuencias son, en hertzios:

- 256 (C)
- 288 (D)
- 320 (E)
- 341.3 (F)
- 384 (G)
- 426.7 (A)
- 480 (B)
- 512 (C)

Los diapasones armónicos también trabajan con los cinco elementos del universo, según se explica en las enseñanzas ayurvédicas. Estos son el espacio/éter, el aire, el fuego, el agua y la tierra.

La salud y la personalidad de una persona dependen de la mezcla de los cinco elementos que tenga. Cuando un elemento se desequilibra, la persona no estará del todo bien.

Espacio/éter

Este es el elemento del vacío. Se asocia específicamente con la boca, los oídos y las cavidades auditivas que deben ser llenadas por otros elementos.

Aire

El aire representa el movimiento, la ligereza, la respiración y el oxígeno en el Ayurveda. En exceso, puede causar hiperactividad. La deficiencia del elemento aire puede provocar fatiga. La salud del aparato digestivo, del corazón y de las articulaciones está asociada a este elemento.

Fuego

Vinculado a la mente, los pensamientos, las emociones y las obsesiones, el fuego es un poderoso elemento ayurvédico. Físicamente, está vinculado a los ojos y a la temperatura corporal.

Agua

El elemento agua está asociado con el sistema nervioso, el suministro de sangre, las articulaciones, la saliva y el sistema respiratorio.

Tierra

El último elemento es el de la tierra, que representa nuestros huesos, dientes, uñas y el sentido del olfato. Una sensación general e inexplicable de debilidad en todo el cuerpo se asocia a un elemento tierra que no está en armonía con los demás.

Diapasones de Fibonacci

Otra forma de utilizar los intervalos es trabajando con diapasones creados según una secuencia numérica de Fibonacci.

Cuando se utilizan dos diapasones juntos, el efecto es un sonido en espiral que se emplea para equilibrar el sistema nervioso, aumentar la creatividad, curar traumas y romper adicciones.

Se venden en juegos de ocho, empezando por el número uno. Si ya tienes un juego de armónicos, sólo es necesario comprar cuatro afinadores Fibonacci para tener un juego completo; las dos notas de C, la nota de G y la nota de A ya forman parte de un juego de armónicos.

- El intervalo 1/1 se utiliza para simbolizar el principio de todas las cosas, al cual todo volverá de nuevo.
- El intervalo 1/2 se asocia con el espacio. Equilibra el elemento espacio/éter y ayuda a afrontar la pérdida y el duelo.
- El intervalo 2/3 representa el equilibrio y trabaja con el sistema nervioso y la glándula pituitaria. Es un buen intervalo para centrarse.
- El intervalo 3/5 se asocia con los sueños. En la música, es un sexto intervalo que a veces también se llama fuego místico. Ayuda a la visualización y creación de nuevas ideas.
- El intervalo 5/8 trabaja con la voz interior. Te ayuda a acceder a tu sabiduría y paz interior.
- El intervalo 8/13 representa el camino místico hacia una alineación limpia y pura con la fuente del universo.
- El intervalo 13/21 se asocia con la gran división entre las verdades espirituales y la realidad terrenal. Ayuda a establecer la comunicación con los seres superiores como los ángeles.
- El intervalo 21/34 representa el ojo de Dios. Se relaciona con la glándula pineal y nos ayuda a comprender los reinos superiores y a ver las verdades eternas en nosotros mismos.

Cómo utilizar los diapasones para aliviar el dolor

. . .

Ahora es el momento de ponerse en práctica. Veamos tres formas diferentes de tratar el dolor articular y muscular, tal y como explica Jane Satchwell, la vicepresidenta de la Academia de Sanación con Sonido de Cornualles, en el Reino Unido (2019).

Utilizando un diapasón no ponderado de 174 Hz

En esta técnica, el diapasón no se utiliza directamente sobre el cuerpo, sino ligeramente separado de él.

- Activa el diapasón golpeándolo ligeramente sobre un disco de goma o golpeándolo suavemente con un mazo. El sonido sonará de forma clara y limpia. Sostén el diapasón tintineante cerca de la zona dolorida del cuerpo sin llegar a tocarla.
- Vuelve a activar el diapasón cuando el sonido se apague.
- Continúa haciendo esto de cinco a diez minutos.

Utilizando un diapasón de 128 Hz o un diapasón ponderado de 136,1 Hz

Los diapasones ponderados se utilizan directamente en la zona adolorida del cuerpo. Su sonido es algo más apagado en comparación con los diapasones no ponderados.

- Activa el diapasón.

- Coloca el extremo inferior del diapasón (el mango) sobre el músculo o la articulación que te provoca el dolor. Siente las vibraciones del sonido del diapasón entrando en tu cuerpo.
- Reactiva el sonido antes de que se apague por completo.
- Continúa así durante todo el tiempo que sea necesario para reducir las molestias y el dolor.

Utilizando un diapasón ponderado de 128 Hz y un diapasón de 136,1 Hz juntos

La disonancia creada por los tonos de estos dos diapasones que están bastante juntos provoca fuertes vibraciones que facilitan el desprendimiento de cualquier energía atascada.

- Activa primero uno y luego el otro diapasón en estrecha sucesión para que suenen juntos.
- Coloca ambos en la parte del cuerpo que vas a tratar. Deben mantenerse juntos pero sin tocarse.
- Reactiva las vibraciones antes de que el sonido se apague.
- Sigue haciendo esto durante el tiempo que sea necesario para reducir las molestias y el dolor.
- Vuelve a utilizar la primera técnica durante un rato más (utilizando el diapasón de 174 Hz sin peso fuera del cuerpo) si es necesario.

Consejos útiles

. . .

Algunas zonas dolorosas son sensibles al tacto. Reduce la dureza del diapasón colocando una bola de goma en el extremo del mango.

Puedes amplificar las vibraciones del diapasón colocando un cristal en el extremo del mango, como el cuarzo transparente, conocido como el maestro sanador. El cuarzo rosa es bueno para la liberación emocional y la curación.

Utilizando los diapasones Pitagóricos en la lateralización cruzada

El propósito del proceso llamado lateralización cruzada es equilibrar el hemisferio izquierdo y derecho del cerebro utilizando los dos diapasones en la proporción sagrada del quinto intervalo (una nota C y una nota G juntas).

- Activa los dos diapasones simultáneamente o en rápida sucesión.
- Sujetándolos por sus varillas, uno en cada mano, acércalos a tus oídos y mantenlos a unas dos pulgadas de distancia.
- Después de unos segundos, cambia las manos de lugar.
- Mantén esa posición durante unos segundos y vuelve a cambiar a la posición original.

Cómo utilizar un diapasón ponderado Otto para tratar el cráneo

Tratar y resintonizar tu cráneo y cerebro con un diapasón te permitirá liberar tensiones y sanar viejas heridas emocionales.

El diapasón ponderado Otto de 128 Hz es específico para ser usado directamente en el hueso. De este modo, podrás sentir las vibraciones a través de tu cabeza y cerebro.

El cráneo tiene dos suturas que unen las diferentes partes. El tratamiento funciona mejor si el diapasón se coloca a lo largo de la línea de sutura principal, llamada sutura parietal o sagital, y luego a ambos lados de la línea.

- Golpea el diapasón y colócalo en la línea frontal del cabello, justo en el centro del cráneo.
- Mantenlo ahí durante todo su ciclo.
- Cuando el sonido del diapasón se apague, golpéalo de nuevo y mueve la posición una pulgada hacia atrás con respecto a la primera.
- Respira profunda y tranquilamente y mantén el diapasón quieto hasta que las vibraciones se apaguen.
- Repite el proceso dos veces más, retrocediendo una pulgada cada vez.
- A continuación, repite la secuencia en cuatro puntos a la derecha, y luego a la izquierda, de la línea de sutura central.
- Presta atención a cualquier sensación que surja. Mantente atento a los cambios en tu respiración: ¿algunos puntos te hacen respirar más rápido o más lento? Esto podría estar trayendo sensaciones que tienes que explorar más a fondo para sanar.
- En la siguiente sección, muévete alrededor de ambas orejas en cuatro puntos, manteniéndote a una pulgada de la oreja. A continuación, desplázate hacia la parte posterior de la cabeza. Coloca el diapasón en los puntos formando un triángulo que tenga su vértice en la parte superior de la cabeza.

Una guía para el comprador

Aunque los diapasones suelen ser duraderos, las aleaciones de baja calidad pueden desgastarse con el uso constante.

Muchas de las versiones más baratas están moldeadas y su calidad de sonido puede ser de tipo metálico y débil. Su valor terapéutico no es alto porque sus vibraciones no son fuertes.

Hay diapasones de buena calidad fabricados en Estados Unidos que cuestan un poco más, pero están hechos de una aleación realmente buena que dura y produce un sonido fuerte y claro.

Busca un proveedor que venda discos de hockey de buena calidad para golpearlos como parte del set en lugar de palos de madera ligeros que no pueden producir un sonido fuerte y que no durarán mucho.

Una encuesta realizada en 2021 por la maestra de Reiki y revisora habitual de equipos de sanación, Deborah, de *La Luz de la Felicidad*, enumeró las nueve mejores marcas a tener en cuenta (La Luz de la Felicidad, 2021b).

- Marca Radical: Diapasones terapéuticos de chakras armónicos planetarios 26. Consiste en un conjunto de ocho diapasones armónicos (una octava), siete diapasones de equilibrio de los chakras (afinados para trabajar en base a la rotación matemática de los planetas alrededor del sol) y 11 diapasones de precisión afinados con los ocho planetas, Plutón, el sol y la luna.
- Precio actual en Amazon (Sep 2021): 299 dólares.
- Marca Radical: Diapasones cósmicos de curación ponderados para los chakras y el alma con bolas de goma. Los siete diapasones ponderados pueden utilizarse cada uno directamente en la parte del cuerpo relacionada con el chakra a tratar. Las bolas de goma en los extremos lo hacen más cómodo para el cuerpo.

- Precio actual en Amazon (Sep 2021): 109 dólares.
- Marca Radical: Diapasones sagrados Solfeggio de colores. Este set de seis diapasones de colores brillantes no tiene peso y debe usarse alrededor de las orejas y el cuerpo.
- Precio actual en Amazon (Sep 2021): 119 dólares.
- Marca Omnivos: Diapasones Solfeggio. Este es otro fabricante de confianza cuyo set de nueve diapasones está hecho de aluminio de calidad profesional. Los instrumentos pueden utilizarse para sintonizar no sólo el cuerpo sino también el entorno inmediato. *La Luz de la Felicidad* ha descubierto que sus diapasones son un 26% más duros y suenan hasta un 20% más que los de otros fabricantes.
- Precio actual en Amazon (Sep 2021): 149 dólares.
- Marca Medivibe: Diapasones. El juego consta de cuatro diapasones que producen un agradable acorde mayor cuando se usan juntos.
- El producto está actualmente agotado y no se ha podido obtener el precio.
- Marca Radical: Diapasones de curación ponderados para 8 chakras y el alma. Cada diapasón está relacionado con un chakra. El octavo se relaciona con el chakra del propósito del alma.
- Precio actual en Amazon (Sep 2021): 149 dólares.
- Marca Tuningforkshop: Juego de diapasones de nueve chakras. Además de un diapasón para cada uno de los siete chakras, el set también incluye uno para el chakra del propósito del alma y otro para el chakra de la estrella de la tierra, o del bajo ohm.
- Marca Tuningforkshop: Nueve diapasones sagrados Solfeggio. El set incluye un diapasón para cada frecuencia Solfeggio, un mazo de goma y una bolsa de terciopelo para guardarlos.

- Precio actual en Amazon (Sep 2021): 84 dólares.
- Marca Kalea: Diapasón OM. Es sólo un diapasón ponderado, pero está elaborado con un estándar muy alto, con un reborde en el extremo para que sea más suave al cuerpo.
- Precio actual en Amazon (Sep 2021): 39,95 dólares.

Un set que hay que evitar porque es de mala calidad, según la reseña de *La Luz de la Felicidad*, es el set de diapasones de 7 chakras de Tuningforkshop. Se encontró que el sonido es metálico y que los diapasones tardan hasta 20 segundos en alcanzar la frecuencia correcta. A veces el sonido no se estabiliza en absoluto y eso hace que estos diapasones no sean adecuados para fines curativos.

Sanación a través del sonido con cuencos cantores y cuencos de cristal

Los potentes tonos de los cuencos cantores han formado parte de los rituales de curación desde la antigüedad. Hoy en día son cada vez más populares, pero, al igual que ocurre con los diapasones, la variedad de cuencos disponibles en el mercado puede ser desconcertante.

Algunos son de metal, otros de cristal, algunos están decorados y otros son lisos. Hay cuencos grandes, pequeños, profundos y poco profundos. Cada tipo tiene sus usos y en esta sección los exploraremos todos.

¿Cómo y por qué funcionan los cuencos cantores?

LA SANACIÓN A TRAVÉS DEL SONIDO PARA PRINCIPIANTES

. . .

Los cuencos cantores también se denominan a veces cuencos tibetanos o himalayos. Han formado parte de los rituales budistas tibetanos durante siglos. Empezaron a ganar popularidad en el mundo occidental con las filosofías New Age y muchos yoguis modernos y practicantes de la medicina energética tienen una fe inquebrantable en su eficacia.

Tradicionalmente, los cuencos se fabricaban con diferentes aleaciones de metal, como cobre, plata, estaño, plomo, hierro y oro. A finales del siglo XX, los cuencos de cristal se hicieron más populares.

Cuando se golpean suavemente con un mazo o un percutor de fieltro o recubierto de gamuza, los cuencos producen un hermoso y claro sonido que se mantiene durante un tiempo.

Cuando se frota ligeramente el borde del cuenco con el mazo, la fricción hace que este produzca un silbido alto y prolongado que se conoce como su "canto". El efecto es similar al que se oye cuando se frota un dedo mojado en el borde de una copa de vino llena de agua. Esto se llama resonancia y se mantiene durante un tiempo, incluso después de que la fricción cesa. Cuando se toca el cuenco con la punta de los dedos, el canto se detiene.

El volumen del canto está controlado por el tempo con el que se rodea el borde del cuenco con el mazo.

El sonido del canto produce vibraciones en un tono y una frecuencia que se relacionan en gran medida con el tamaño del cuenco, aunque también influyen otros factores como el material del que están hechos tanto el cuenco como el mazo y la superficie sobre la que se apoya el cuenco.

Cuando el cuenco se coloca sobre el cuerpo de alguien o se sostiene cerca de este, las vibraciones entran en el organismo y ayudan al individuo a curarse, relajarse y equilibrarse según la frecuencia del sonido.

La comunidad científica está dividida en cuanto a las afirmaciones de los sanadores de sonido sobre los efectos terapéuticos de los cuencos cantores, pero las pruebas anecdóticas de su función curativa y relajante abundan.

Algunas de sus propiedades curativas son el alivio del estrés, la relajación profunda, el alivio del dolor, la regeneración muscular, el fortalecimiento del sistema inmunitario, la regulación de la presión arterial, el alivio de la depresión y el equilibrio de todos los sistemas energéticos del cuerpo para un funcionamiento óptimo (Shanti Bowl, s.f.).

En un estudio de observación realizado por investigadores de la Universidad de California para constatar los efectos de los cuencos cantores en el estado de ánimo, el alivio del dolor y la liberación de la tensión, se encontraron diferencias significativas después de que los participantes completaran una meditación con cuencos cantores. El grupo etario de entre 40 y 59 años pareció beneficiarse más que los demás, especialmente aquellas personas que no tenían experiencia previa con los cuencos. Sus niveles de tensión, así como el dolor físico, fueron mucho más bajos, mientras que sus sentimientos espirituales de bienestar fueron mensurablemente más altos en una escala del 1 al 5 (Goldsby et al., 2016).

LAS FRECUENCIAS DE LOS CUENCOS CANTORES

Resulta difícil asignar una lectura de frecuencia completamente precisa a un cuenco específico, ya que hay muchas cosas que pueden influir en el tono del sonido. Golpear los lados de un cuenco con el mazo producirá un sonido diferente al de frotar el borde superior. Golpear en lo alto de la pared lateral también sonará diferente a un golpe bajo en el lateral. Frotar la pared lateral también produce un tono diferente al de frotar la parte superior.

Las frecuencias de los cuencos cantores pueden oscilar entre 110 Hz y 800 o incluso 900 Hz. Los cuencos de mayor diámetro suelen producir frecuencias más bajas. Las paredes más gruesas producen frecuencias más altas.

Los cuencos no pueden producir acordes, sólo notas individuales. Sin embargo, pueden afinarse a un acorde, como un intervalo de quinta. Los cuencos de cristal, a diferencia de otros tipos de cuencos, suelen producir un patrón armónico de tercer intervalo.

Los sonidos de los cuencos de metal tienen tres colores tonales, por así decirlo, aunque se trate de una sola nota.

- El tono fundamental se escucha cuando se frota el exterior de la pared lateral con un mazo. Es un tono ligeramente más bajo que los demás.
- El tono más alto que puede producir un cuenco cantor se llama sobretono femenino. Se puede escuchar cuando se frota el borde superior con el mazo.
- El tercer color tonal sólo está presente en los cuencos grandes y medianos. Estos tienen un tono medio que comienza una vez que el cuenco se ha calentado y se ha tocado el sobretono femenino.

Los cuencos pueden afinarse para producir notas específicas, como las notas de la octava armónica o los tonos Solfeggio. También se puede hacer que produzcan octavas específicas.

Diferencias entre los cuencos de metal y los de cristal

El sonido de los cuencos de cristal es más claro y suave que el de los cuencos de metal. Los cuencos de cristal no tienen el sobretono fundamental, el sobretono femenino y el tono medio. En cambio, sólo producen una nota clara y resonante.

Los cuencos de cristal no se fabrican con frecuencias específicas como los de metal. Su tamaño, su grosor y el hecho de que estén esmerilados o no determinan el tono de su canto. La rápida vibración producida por las gruesas paredes de los cuencos esmerilados creará un sonido fuerte con un tono alto. Un cuenco transparente del mismo tamaño sonará más bajo y suave.

AÑADIENDO UNA DIMENSIÓN DE AGUA

AÑADIR AGUA A TU MEDITACIÓN CON CUENCOS CANTORES PUEDE añadir un gran efecto visual y auditivo a tu relajación.

Las vibraciones creadas en el cuenco para producir el sonido se transfieren al agua dentro del cuenco. Esto hace que el agua se ponga en movimiento y que parezca como si estuviera hirviendo. En términos científicos, esto se conoce como la inestabilidad de Faraday de los fluidos.

Sin embargo, las limitaciones del cuenco cambian el patrón típico de la inestabilidad de Faraday lo suficiente como para que las gotas empiecen a saltar al aire y a rebotar en la superficie del agua.

El sonido que lo acompaña es como el de una lluvia ligera cayendo, lo que puede ser muy relajante durante una meditación. Los dibujos en el agua y la luz que se refleja también son hipnotizantes.

La regla general es no llenar el cuenco con más de la mitad de agua; así se evitará que la inestabilidad sea tal que todo salpique.

Si usas menos que esa cantidad, casi no habrá nada que ver.

Es importante vaciar el cuenco después de usarlo y secarlo bien para evitar que se oxide y se forme moho.

Algunas personas van un paso más allá y se beben el agua que se agitó en el cuenco cantor o riegan sus plantas con ella. La creencia detrás de esto es que las propiedades curativas del cuenco se transfieren al agua.

Sin embargo, no es aconsejable beber el agua. Los cuencos no están fabricados de forma que puedan contener alimentos o bebidas, y los elementos del acabado y los metales podrían pasar al agua.

Incluso los cuencos de cristal no se fabrican con la intención de que sean aptos para contener cualquier alimento o bebida para el consumo humano y el acabado podría no ser a prueba de agua.

Utilizando los cuencos cantores en tu práctica de yoga

Los tonos relajantes de un cuenco cantor pueden aportar una nueva profundidad a tu práctica de yoga. Cuando el cuenco es utilizado al principio, este puede preparar el terreno para una relajación profunda del cuerpo y la mente.

También puede utilizarse entre las posturas o durante algunas de ellas para promover la quietud y la atención plena.

Durante los ejercicios de respiración, un cuenco cantor también puede ayudar a mantener la atención.

Terminar una buena sesión de yoga con una meditación con cuencos cantores asentará el patrón armónico entre el cuerpo y la mente y promoverá una profunda tranquilidad.

Tipos de cuencos cantores

Se han identificado unos 50 estilos y tipos de cuencos diferentes, pero sólo hay unos pocos modelos generales que se pueden encontrar en la mayoría de las tiendas. La mayoría de los modelos se originaron en el Tíbet, la India, Nepal y Mongolia.

. . .

Thadobati

El Thadobati es la forma de cuenco más antigua. Algunos de los antiguos cuencos que aún se conservan datan del siglo XV. Se caracterizan por sus paredes altas, fondos planos, lados rectos y labios sin decoración.

Cuando se tocan con un mazo, pueden producir hasta cinco octavas.

Suelen ser de tamaño pequeño o mediano y son adquisiciones populares.

Sus precios oscilan entre los 60 y los 560 dólares a partir del año 2021.

Jambati

Un fondo plano pero con paredes laterales curvadas, un labio orientado hacia el interior y marcas de martillo en el exterior son las características distintivas de los cuencos Jambati.

Estos cuencos pueden llegar a emitir hasta cuatro octavas diferentes cuando se utiliza un mazo.

El Jambati es el estilo más pesado y grande, y varios artesanos suelen trabajar juntos para producir un solo cuenco de este tipo.

Todavía se conservan muchos ejemplares antiguos. Su tamaño los convertía en grandes contenedores de grano, lo cual permitió su conservación.

Pueden ser bastante caros, oscilando entre los 640 y los 8.800 dólares. Debido a su peso, también hay que comprar un cojín o esterilla para colocar el cuenco mientras se toca.

. . .

Naga

Estos cuencos con pedestal, de tamaño pequeño o mediano, se consideran bastante raros. Los ejemplares antiguos suelen encontrarse en muy buen estado, lo que ha llevado a los coleccionistas especializados a sospechar que los cuencos Naga tenían un uso ceremonial, como el de sostener ofrendas.

Debido al pedestal, el sonido de un cuenco Naga puede, desgraciadamente, estar distorsionado. Si encuentras uno para comprar, sería conveniente que lo probaras primero.

El precio puede oscilar entre los 160 y los 640 dólares.

Mani

Los cuencos Mani, también conocidos como cuencos Mudra, tienen el fondo plano y los labios orientados hacia dentro. Son bajos, bastante gruesos y pueden ser de tamaño pequeño o mediano.

Su rango es de tres octavas y su tono es considerablemente más alto que el de otros cuencos.

Se cree que los cuencos Mani también tenían importancia en rituales y ceremonias.

Pueden costar entre 270 y 675 dólares.

Ultabati

Estos cuencos también son grandes y pesados, como el Jambati, y producen sonidos en las dos octavas bajas. También pueden proporcionar el sonido "om".

Las paredes exteriores son de color oscuro a negro y los labios se curvan hacia fuera.

Los cuencos Ultabati suelen ser bastante caros y sus precios oscilan entre los 700 y los 2.000 dólares.

. . .

Manipuri

Los cuencos Manipuri pueden ser de tamaño pequeño o mediano. Son poco profundos y tienen los bordes separados.

La mayoría de los principiantes los encuentran fáciles de tocar y pueden producir una amplia gama de tonos primarios.

Con precios que oscilan entre los 75 y los 425 dólares, un cuenco Manipuri puede ser un comienzo asequible para tu colección de cuencos cantores.

Lingam

Los cuencos Lingam, o Lingham, son raros. Son cuencos poco profundos, como el Manipuri, pero tienen una protuberancia en el centro que les da un sonido único. No son tan fáciles de tocar.

Un cuenco Lingam auténtico puede costar entre 400 y 1.900 dólares. Sin embargo, los coleccionistas advierten de las falsificaciones. No es difícil retocar algunos tipos de cuencos más baratos para que parezcan un Lingam.

Remuna

Los cuencos Remuna tienen paredes finas y rectas y pueden tener bellas ilustraciones en el exterior.

Suelen ser de tamaño medio y fáciles de tocar.

Su precio oscila entre los 235 y los 635 dólares.

Cómo utilizar tus cuencos cantores para una meditación con baños de sonido

. . .

LA SANACIÓN A TRAVÉS DEL SONIDO PARA PRINCIPIANTES

Disfrutar de una experiencia de meditación de alto nivel con un cuenco cantor no tiene por qué ser un ejercicio costoso; de hecho, ni siquiera necesitas salir de casa si tienes un cuenco.

Decide cuánto tiempo quieres dedicar a tu baño de sonido antes de empezar (pueden ser tan sólo cinco minutos e igualmente ser una experiencia efectiva), pon la alarma y ¡relájate!

Busca un lugar tranquilo y cómodo donde puedas relajarte sin molestias. Silencia tu teléfono y apaga las computadoras cercanas.

Respira profunda y lentamente tres veces: Inhala por la nariz y exhala por la boca.

E inhala... y exhala.

E inhala... y exhala.

Establece la intención para tu meditación de baño de sonido. Las posibles intenciones podrían ser relajarte por completo, conectarte a la tierra, liberar la ansiedad, liberar la ira hacia alguien en concreto, cultivar la paciencia, fortalecer la compasión o controlar el dolor crónico.

Coloca el cuenco sobre la palma de la mano abierta, sin que las yemas de los dedos lo toquen, y sostén el mazo en la otra mano.

Activa el cuenco golpeándolo con el mazo suavemente en un lado. Sé firme pero cuidadoso, incluso con un cuenco de metal. No es necesario un golpe fuerte. Realiza todos los movimientos con tranquilidad.

Mantén tu intención en tu mente mientras escuchas el primer tintineo del cuenco.

Empieza a rodear el exterior del cuenco con el mazo para crear un sonido de canto sostenido o sigue golpeándolo suavemente; haz lo que te parezca correcto en ese momento.

Mantén el mazo en contacto con el cuenco y no te preocupes si el canto no empieza inmediatamente. La vibración tarda un poco en producirse.

Sigue respirando profunda y tranquilamente... inspirando por la nariz... exhalando por la boca.

Mantén tu intención en tu mente.

Deja que el sonido fluya sobre ti y a través de ti, liberando tu energía para que se mueva a través de tu cuerpo y mente como debería.

Haz un escaneo mental de tu cuerpo y nota cualquier sensación que pueda haber. Sólo obsérvala y deja que se vaya.

Si se te viene algún pensamiento o imagen mental mientras escuchas el sonido, acepta su presencia y deja que se vaya de nuevo. Vuelve a centrar tu atención en el sonido y en tu respiración.

Respira profunda y tranquilamente... inhala por la nariz... exhala por la boca.

Sigue haciendo esto hasta el final de tu sesión de baño de sonido.

Antes de dejar de usar el cuenco, expresa tu gratitud por la experiencia a cualquier figura espiritual en la que creas. También puedes dar las gracias al cuenco por su servicio, si te parece bien.

Observa cualquier cambio mental o físico que se haya producido durante este tiempo.

Silencia el cuenco tocándolo suavemente con los dedos y *vuelve lentamente a tus actividades normales.*

¿Nuevo o viejo?

Ambos tienen sus ventajas. Debido a esto, debes decidir si quieres comprar cuencos cantores como inversión o para tocarlos. Los cuencos antiguos pueden ser caros, pero su calidad de sonido suele ser superior a la de los cuencos modernos fabricados a máquina.

Los cuencos antiguos se fabricaban generalmente con fondos más finos que las versiones modernas y eso, junto con el desgaste que suponen 100 años o más de uso, hará que su canto cálido y rico destaque entre los cuencos nuevos que suelen tener sonidos más agudos.

Si quieres comprar cuencos antiguos como inversión, asegúrate de que su antigüedad y calidad estén autentificadas por un distribuidor de confianza.

Tomando la decisión de comprar

En última instancia, el único factor decisivo debería ser si el sonido del cuenco cantor te habla. ¿Te llega al corazón y al alma y te conmueve?

Antes de comprarlo, deberías tocar el cuenco o, al menos, escuchar un clip de sonido de buena calidad.

Un cuenco de buena calidad producirá un sonido fuerte y sostenido con varios armónicos y sobretonos. Si el sonido parece desvanecerse, la calidad del cuenco no es buena.

El tiempo que se tarda en conseguir que el cuenco cante no es una indicación de calidad.

También tienes que tener en cuenta el tamaño y el peso del cuenco que quieres comprar. ¿Se adapta bien a ti físicamente? Puede que quieras tocarlo durante largas sesiones y, si tienes que sostener algo demasiado pesado, será perjudicial para el efecto curativo y desestresante. Sostener cualquier objeto que pese más de un kilo durante largos periodos de tiempo resultará demasiado incómodo.

También tienes que tener claro tu propósito. ¿Vas a utilizar el canto para tus clases de yoga, curación, meditación, conexión a tierra o equilibrio de chakras? Algunos cuencos serán mejores que otros para configuraciones y usos específicos. Los tonos bajos funcionan mejor para la conexión a tierra y la meditación, por ejemplo, pero meditar en una habitación pequeña hará que trabajar con un cuenco grande resulte incómodo.

Del mismo modo, ten en cuenta si tienes que cambiar tu lugar de meditación o de yoga con frecuencia. Cargar con cuencos enormes puede hacer que decidas abandonar el ejercicio por completo.

Si planeas utilizar el/los cuenco/s para la curación y el equilibrio de los chakras, recuerda que los cuencos enormes no pueden utilizarse cerca de la cabeza y las orejas. Estos deben colocarse a los pies. En cambio, si quieres utilizar cuencos cerca de la cabeza y la parte superior del cuerpo, necesitarás otros más pequeños y ligeros. Un cuenco de cristal con asa es más fácil de mover por todo el cuerpo.

Una guía para el comprador de cuencos cantores

La maestra de Reiki y revisora habitual de equipos de sanación, Deborah, de *La Luz de la Felicidad*, proporcionó su elección de las nueve mejores marcas a tener en cuenta (La Luz de la Felicidad, 2021a).

- Marca Janear International: El mejor cuenco de curación de los chakras. Este es un producto artesanal de Nepal que proporciona un gran valor para su precio. Los principiantes pueden utilizar este cuenco como punto de partida. El diámetro es de cuatro pulgadas y resuena en la nota G, que se asocia con el chakra de la garganta. Viene con un bonito cojín hecho a mano y un mazo de madera, así como una práctica bolsa de transporte.
- Marca Topfund: El mejor cuenco cantor de cuarzo. Se trata de un cuenco esmerilado de color verde que resuena con la nota F, la cual está asociada al chakra del corazón. El cuenco incluye una alfombrilla de goma para ponerse de pie, un mazo de goma cubierto de gamuza que fue diseñado específicamente para ser utilizado con

este cuenco y un estuche de transporte de alta resistencia.
- Marca Nepamart: El mejor conjunto de cuencos cantores. Este es un conjunto bellamente decorado de siete cuencos de chakras. Sus diámetros oscilan entre las 2,8 y las 5 pulgadas. Cada cuenco tiene su propio cojín y mazo de madera, y los símbolos de los chakras están pintados en la parte inferior. Están hechos de una aleación que contiene los metales tradicionales cobre y zinc.
- Marca Dharma Store: Cuencos cantores. Estos cuencos hechos a mano en Nepal están disponibles en una variedad de colores y tienen un diámetro de 4 pulgadas. Cada cuenco contiene zinc, níquel, cobre, plata, mercurio, latón y oro. Resuenan con una nota F sostenida.
- Marca Silent Minds: El mejor cuenco cantor con cojín. El cuenco está hecho de bronce y se puede comprar en seis opciones diferentes de apariencia y color. El diámetro es de aproximadamente 4 pulgadas. El percutor tiene madera en un extremo y fieltro en el otro y un agarre en forma de reloj de arena en el centro. Se ha confirmado que la versión dorada está asociada al chakra corona.
- Marca Dharma Store: Cuenco de objetos Dharma. Este cuenco incluye un cojín y un mazo de dos caras. El diámetro del cuenco es ligeramente superior a 5 pulgadas y es bastante resistente. Ocho símbolos de la suerte están grabados a mano en los lados.
- Marca Resonance Imports: El mejor cuenco cantor con mazo. Si quieres optar por un aspecto sencillo, esta puede ser una buena opción. El cuenco hecho a mano viene en versión dorada o negra y no tiene adornos. El cojín puede ser azul o negro. El diámetro es de sólo 2,5 a

3 pulgadas. No está sintonizado con ninguna frecuencia específica.
- Marca ShalinIndia: Cuenco cantor. Este es otro cuenco pintado a mano que se puede adquirir en acabado dorado, bronce y plateado. El diámetro es de 5 pulgadas.
- Marca Maya Bodhi: Cuenco cantor. Este cuenco de latón está martillado a mano con una imagen en relieve de un buda en el fondo. Viene con un cojín de seda rojo y un mazo. Es un poco más pesado que otros cuencos y tiene un diámetro de 4 pulgadas, lo que le da un tono rico y cálido.

Un cuenco que hay que evitar según la reseña de *La Luz de la Felicidad* es el que ofrece Hinky Imports. Este cuenco se agrieta con facilidad y el tono no se puede mantener cuando se frota el mazo alrededor de las paredes exteriores.

Cómo empezar la sanación con sonido sin gastar mucho dinero

No todo el mundo dispone de recursos ilimitados para iniciar una práctica de sanación con sonido, aunque sea a pequeña escala para uso personal al principio. Algunos de los instrumentos y herramientas pueden ser bastante caros; podrías quedar en banca rota si intentas comprarlo todo.

En esta sección, veremos la forma más eficaz de empezar a trabajar y de mantener contento a tu gestor financiero.

Hay un par de instrumentos que vienen a la mente inmediatamente cuando se piensa en la curación a través del sonido y en los baños de sonido, pero el más barato de todos ellos es tu propia voz.

LA SANACIÓN A TRAVÉS DEL SONIDO PARA PRINCIPIANTES

Tararear, cantar y corear pueden ser el primer instrumento en tu práctica de curación totalmente gratis. Puede que tengas que practicar un poco antes de probarlo con otra persona; algunas personas son tímidas por naturaleza y les cuesta actuar delante de los demás. Sin embargo, no sabrás si te funciona si no lo pruebas.

Los sonajeros y los agitadores han formado parte de las ceremonias de curación desde la antigüedad. No tienen por qué ser caros e incluso puedes crear los tuyos propios utilizando algún material vegetal seco o semillas.

Un tambor de piel de animal añade una dimensión relajante a cualquier sesión de curación. Piensa en la percusión chamánica, que lleva a las personas a un estado de trance muy receptivo con los pulsos rítmicos.

Es posible encontrar tambores de piel de animal de buena calidad por unos 100 dólares si buscas.

LAS FLAUTAS TAMBIÉN HAN FORMADO PARTE DE LA CURACIÓN CON sonido desde tiempos inmemoriales. Dependiendo del fabricante de flautas al que acudas, con 140 dólares puedes comprar una flauta de madera decente que durará mucho tiempo.

Los diapasones han sido discutidos ampliamente y no tienes por qué empezar con las opciones más caras.

También se ha hablado de los cuencos cantores con una mirada a las opciones asequibles.

LOS CARILLONES SE PUEDEN COMPRAR POR UNOS 40 DÓLARES cada uno. Estos aportan una calidad casi angelical al baño de sonido.

Si tu presupuesto te lo permite, puedes adquirir un instrumento que se lucirá en tu baño de sonido. Un handpan, un gong y un gran cuenco de cristal son algunos de los instrumentos que entran en esta categoría.

No tienes por qué tener todos estos instrumentos a la vez para empezar. Puedes utilizar lo que tengas y puedas permitirte para poner en marcha tu viaje de sanación con sonido.

El poder de la curación armónica

Somos sonido, un sonido puro y vibrante. Pero somos mucho más que eso. No sólo somos tonos individuales, sino también combinaciones armónicas de sonido. Algunas relaciones armónicas resonantes nos sostienen, mientras que otras nos relajan y equilibran.

La curación armónica explora el poder de los armónicos y sus efectos en nosotros.

¿Qué es una resonancia armónica?

Desde el punto de vista científico, cualquier sonido se compone de un tono fundamental y de sobretonos. Un sobretono es cualquier frecuencia mayor al tono fundamental.

Si el valor de un sobretono es un múltiplo entero del tono fundamental, el sobretono se llama armónico. Los demás sobretonos son múltiplos fraccionarios del tono fundamental.

Los armónicos son siempre ondas estacionarias, pero los otros sobretonos no lo son.

Las frecuencias a las que vibran ciertas combinaciones de armónicos tienen el poder de curar el cuerpo y la mente humana.

Más adelante exploraremos las combinaciones armónicas y cómo utilizarlas con más detalle.

LA SANACIÓN A TRAVÉS DEL SONIDO PARA PRINCIPIANTES

. . .

La historia de la sanación armónica

Las antiguas civilizaciones entendían este concepto básico sobre el poder del sonido y muchos de los antiguos edificios que aún se conservan lo reflejan.

¿Has entrado alguna vez en una catedral histórica y has sentido que el sublime silencio te eleva el alma sin ningún sonido? Ese es el poder de un espacio construido con proporciones armónicas en funcionamiento.

Muchas culturas y religiones afirman que el universo se creó a través de un sonido o una palabra hablada. Las antiguas escuelas de misterio de Grecia, Roma, Egipto, la India y el Tíbet basaban sus enseñanzas en la creencia de que la vibración es la causa principal de la existencia del universo.

Los sacerdotes también eran músicos; los científicos estaban tan versados en el conocimiento esotérico y en la música como en los principios científicos. Ellos tenían templos dedicados exclusivamente al propósito de la curación.

Las enseñanzas de Hermes Trismegisto fueron fundamentales para esta creencia. El movimiento espiritual y filosófico llamado hermetismo se remonta al siglo I de nuestra era.

Se creía que Hermes era una combinación entre el dios griego Hermes y el dios egipcio Thoth. Sus escritos se encuentran en lo que se conoce como *La Hermetica*, un enorme conjunto de obras que van desde el año 300 a.C. hasta el 1.200 d.C. aproximadamente.

Hermes estableció siete principios fundamentales del universo:

- El principio de Mentalismo, según el cual todo es mente.
- El principio de Correspondencia, según el cual todas las

cosas que hay en el cielo y en la tierra se corresponden entre sí.
- El principio de Vibración, según el cual todo es vibración.
- El principio de Polaridad, según el cual todo tiene una naturaleza dual.
- El principio de Ritmo, según el cual todo está en un estado constante de flujo.
- El principio de Causa y Efecto, según el cual todo sucede en función de una ley.
- El principio de Género, según el cual todo tiene lados y energías masculinas y femeninas.

Ambos principios, el de vibración y el de ritmo, tienen que ver con el sonido. Según Jonathan Goldman en su libro *Sonidos curativos: El poder de los armónicos* (1996), el principio de correspondencia también es relevante para la curación con sonido aunque no lo parezca desde el principio.

Goldman lo explica en función de la rotación de los planetas, que puede ser amplificada matemáticamente a frecuencias que el oído humano podría llegar a escuchar.

En los templos de curación, se utilizaban intervalos calculados matemáticamente entre las notas. Los cálculos fueron iniciados por el matemático griego Pitágoras, conocido hoy como el padre de la geometría moderna.

Utilizando un monocordio, él descubrió las proporciones de números enteros entre las notas.

PITÁGORAS CREÍA QUE TODO EL UNIVERSO ERA UN GRAN monocordio, el cual tenía una cuerda tendida entre el cielo y la tierra. El extremo superior estaba anclado en lo que él llamaba espíritu absoluto. El extremo inferior descendía hasta, en la terminología de Pitágoras, la materia absoluta.

Por lo tanto, él propuso que todo en el universo puede ser explicado en términos de relaciones armónicas. Asimismo, demostró las relaciones armónicas en la naturaleza, los planetas y las constelaciones celestes.

Se rumorea que Pitágoras fue capaz de oír las vibraciones de los planetas. En la astronomía moderna, los científicos han equiparado sonidos a los diferentes planetas y estos parecen estar en relación armónica entre sí. ¡Quizá Pitágoras pudo oír lo que ningún otro ser humano ha oído desde aquél entonces sin ayuda!

Sus enseñanzas se transmitieron a sus alumnos en su escuela, similar a un monasterio, en Crotona, en la actual región italiana de Calabria. La escuela se quemó posteriormente y muchas de sus enseñanzas se perdieron. A lo largo de los años, los científicos han tratado de comprender sus principios basándose en lo que se ha conservado.

Entre estos científicos se destaca el investigador suizo Dr. Hans Jenny. Este dedicó su vida a estudiar los efectos de las diferentes frecuencias en la materia inorgánica y llamó a su trabajo cimática.

Él demostró claramente que determinadas armonías podían reorganizar la materia inorgánica en formas reconocibles.

Los armónicos en el ocultismo

La palabra "oculto" representa todo aquello que está escondido. Los estudios de ocultismo se ocupan de adquirir conocimientos sobre las cosas invisibles que nos rodean en el universo. También se refiere a todo lo que es demasiado sutil para ser visto a primera vista.

Los armónicos también entran en esta categoría en un sentido auditivo, porque todos los tonos de un sonido no son inmediatamente aparentes y hay que estudiarlos para poder escucharlos.

El término ocultismo también se utiliza en relación con los

rituales esotéricos y las prácticas mágicas. Los cantos que forman parte de muchas de estas prácticas se basan en la creencia de que el sonido es poderoso.

En concreto, se considera que escuchar los sobretonos de una nota es esencial para elevar a la persona a la plena conciencia y sintonizar todo su ser en un estado de salud y equilibrio.

Los armónicos en el chamanismo

Se cree que el chamanismo es la forma más antigua de curación conocida por el hombre. El sonido siempre ha sido una parte integral del trabajo de un chamán. Para saber más sobre los instrumentos musicales preferidos por los chamanes, consulta la sección anterior del libro sobre la curación chamánica y el viaje mediante el uso de instrumentos.

Los chamanes se comunican con el mundo de los espíritus para realizar su trabajo y obtener conocimiento. La voz es el medio más utilizado para conseguirlo.

El canto de sobretono, o hoomi/xoomij/choomig, es una forma de canto de garganta de la región tuvana de Mongolia. Consiste en cantar una nota con dos tonos diferentes y distintivos que son audibles al mismo tiempo.

El tono fundamental es un zumbido nasal parecido al del bajo, mientras que el sobretono es un sonido agudo y penetrante que forma una melodía por encima del zumbido.

El efecto de esta melodía fantasmal reforzaba la creencia de los antiguos de que los chamanes estaban en contacto directo con los poderes sobrenaturales.

El canto hoomi se ha extendido desde entonces a muchas otras culturas. El didgeridoo utilizado por los aborígenes australianos produce el mismo tipo de sonido.

Los monjes tibetanos también lo utilizan en una forma conocida como armónicos tántricos. Cantando en sus "acordes de una sola voz", consiguen producir tres notas diferentes al mismo tiempo.

Este estilo de canto comenzó con un sueño que tuvo el lama tibetano de 1433, en el que recibió esta voz tántrica. En su sueño se le dijo que la voz debía unir los lados masculino y femenino de la energía divina para dar lugar a una conciencia universal. Esto debía utilizarse para mostrar la vida en su totalidad, con todos los matices que normalmente sólo se sienten y no se ven.

Él enseñó a los demás monjes a hacerlo y fundaron un monasterio tántrico en Gyume. En el mismo siglo, en otro monasterio de Lhasa, se fundó el Colegio Tántrico de Gyuto.

Hasta la invasión del Tíbet por parte de China en 1950, el conocimiento de esta técnica y los rituales de los monjes eran desconocidos para el mundo exterior. Algunos monjes escaparon de la invasión huyendo a la India, donde continuaron sus prácticas.

Goldman habla de los efectos de escuchar los cantos de estos monjes como "una de las experiencias sonoras más poderosas imaginables" (1996). Los musicólogos han medido un ejemplo de su canto y han descubierto que su nota grave está dos octavas por debajo del do o C medio. La frecuencia es de 75,5 Hz. La nota más grave que puede alcanzar cualquier cantante de ópera profesional conocido es de 150 Hz.

Los armónicos en la meditación

UNA VEZ QUE SE HAN SINTONIZADO LOS OÍDOS Y LOS SENTIDOS con las sutilezas de los sobretonos, se abre una nueva experiencia auditiva. De repente, es posible volver a escuchar realmente los sonidos que te rodean, con todo lujo de detalles.

Toda la conciencia parece expandirse hacia una conciencia más profunda y diferente del mundo, que incluye la escucha activa e intuitiva de otras personas.

La nueva forma de escuchar también incluye la escucha de la voz interior con mayor atención. La meditación adquiere un nuevo significado cuando te abres a recibir los mensajes de tu ser superior y del espíritu creador que impregna todas las cosas.

Si escuchas regularmente los sonidos que recargan tu cerebro de forma positiva, empezarás a escuchar más de ellos. Empezarás a escuchar sobretonos en los sonidos cotidianos, abriendo el camino a un nuevo nivel de conciencia. Tu imaginación también cobrará vida y tu experiencia se enriquecerá como nunca lo habías imaginado.

La mayoría de los nervios craneales, incluido el vital nervio vago, están vinculados al oído. El nervio vago afecta al corazón, los bronquios de los pulmones, el tracto gastrointestinal y la laringe. Por lo tanto, escuchar los armónicos influirá positivamente en nuestra voz, respiración, ritmo cardíaco y digestión.

Crear los armónicos tú mismo, involucrándote activamente en el proceso, desencadenará una respuesta de relajación al igual que lo hace la tonificación de las vocales alargadas en los mantras. La respuesta de relajación fue descrita por el Dr. Herbert Benson como una marcada disminución de la respiración, el consumo de oxígeno, el ritmo cardíaco y el metabolismo. Las ondas alfa en el cerebro aumentaron.

Uno de los primeros líderes sufíes de la tradición occidental, Pir Vilayat Khan, dijo que los sobretonos son como una escalera de Jacob por la que la mente consciente puede subir al reino metafísico para comprender las verdades superiores.

Abrirte a otros niveles de conciencia es una forma excelente de hacer meditación profunda. Esto puede hacer posible que te conviertas en uno con un sonido, que es un componente clave de la meditación. El sonido se convierte en algo vivo y con energía propia. Una vez que dejas de intentar controlar el sonido y simplemente le permites ser, puedes viajar con él a otros planos de conciencia y encontrar la fuente del sonido.

Podemos encontrar respuestas que quizá nos hayan eludido y experimentar la verdadera unidad con los demás y con el universo.

Los armónicos en la curación

Es inevitable preguntarse si el futuro de la curación está en el sonido y, concretamente, en los armónicos. El clarividente estadounidense Edgar Cayce (1877-1945) predijo que el sonido se convertiría en la medicina principal del futuro. Ese futuro podría estar más cerca de lo que pensamos.

La verdadera curación consiste en llegar a la totalidad del cuerpo y la mente. Nuestra mente y nuestro cuerpo están inextricablemente unidos. Un cuerpo sano con una mente fragmentada nunca conducirá a una plenitud óptima y viceversa. Es importante darse cuenta de que el concepto de cuerpo completo no se refiere a las deficiencias físicas; una persona parapléjica puede estar lo más sana posible según las circunstancias y seguir teniendo un cuerpo completo desde una perspectiva energética.

La intención del sanador, como se ha comentado anteriormente en el libro, es aún más importante cuando se utiliza la voz que cuando se usa un instrumento o dispositivo electrónico que está fuera del cuerpo.

El Cimascopio

A la vanguardia de los avances científicos en la curación armónica se encuentra un instrumento electrónico que utiliza las relaciones armónicas para tratar a los pacientes con cáncer. Se llama cimascopio y ha evolucionado gracias al trabajo del Dr. Jenny en cimática (consulta la información sobre su trabajo mencionada anteriormente).

El investigador de física y acústica John Stuart Reid desarrolló el instrumento para ayudar a los cirujanos durante la cirugía del cáncer. A los cirujanos les resulta difícil distinguir entre células cancerosas y no cancerosas, y el cimascopio aclara la confusión creando imágenes cimáticas de las células.

El cimascopio también se basa en un descubrimiento realizado en 2002 por el Dr. James Gimzewski, según el cual todas las células tienen su propio sonido (Price, 2021). El sonido emitido por una célula sana difiere del emitido por una célula cancerosa.

El cimascopio hace visibles las "canciones" de las células. Reid descubrió que las células cancerosas tienen sonidos caóticos, sin ningún patrón. En cambio, las células sanas tienen sonidos armoniosos. Cuando esto se introduce en el cimascopio, surgen dos imágenes radicalmente diferentes. Las células cancerosas no tienen ninguno de los hermosos patrones simétricos que forman las células sanas. En su lugar, tienen líneas torcidas y una mezcla caótica de patrones.

El cimascopio funciona mediante una luz que se proyecta sobre la superficie del agua que se añade al interior de la máquina. Las imágenes se capturan digitalmente. En un entorno quirúrgico, la señal de la cámara se envía directamente a las gafas del cirujano.

Reid prevé un dispositivo en las gafas quirúrgicas que estará vinculado a un escáner láser, el cual el cirujano moverá sobre el cuerpo del paciente. La información visual irá directamente al cimascopio y cuando el cirujano mire al paciente, las imágenes creadas de los "cantos celulares" se superpondrán al cuerpo. Esto facilitará al cirujano la decisión de dónde cortar.

Equilibrio de los chakras

. . .

El Dr. Randall McClellan desarrolló un sistema para equilibrar los chakras utilizando la voz humana. Las series de notas fundamentales abarcan dos octavas completas y están relacionadas armónicamente.

McClellan asoció el chakra raíz con una nota C, el sacro con un G, el plexo solar con el siguiente C, el corazón con el E, la garganta con el G, el tercer ojo con un B-bemol y la corona con el C final.

Movilización del líquido cefalorraquídeo

La libre circulación y el flujo del líquido cefalorraquídeo son importantes para la salud en general. Este es un líquido transparente que amortigua el cerebro y la columna vertebral, aporta nutrientes y elimina los residuos.

La interacción entre el líquido y el cerebro tiene que desarrollarse sin obstáculos, de lo contrario, podría provocar enfermedades, daños cerebrales y, en última instancia, la muerte. Algunas personas comparan el fluido cerebral con el concepto oriental de energía kundalini.

Goldman describe una demostración de los efectos de los armónicos sobre los huesos del cráneo y el líquido cefalorraquídeo durante una reunión de la Asociación de Sanadores de Sonido en Boston, en 1986. Durante su presentación, un orador invitado, el quiropráctico Dr. Harlan Sparer, evaluó los huesos del cráneo de una persona a la que Goldman estaba aplicando armónicos.

Los huesos del cráneo no sólo se movieron durante la estimulación, sino que el fluido se movió con mayor facilidad y la frecuencia respiratoria se redujo (1996).

Diferentes estilos de canto armónico de sobretono

. . .

Además del canto de garganta mongol y el canto de sobretono occidental, hay otras partes del mundo donde se practica la misma técnica. No todos los cantantes crean melodías; algunos sólo utilizan la entonación y la resonancia para conseguir los resultados que desean.

Es importante distinguir entre el canto de armónicos y el verdadero canto de garganta, aunque desde los años 90 el canto de garganta se ha convertido en algo equivalente al canto de armónicos. El verdadero canto de garganta se realiza estrechando la laringe y no hay sobretonos involucrados.

Umngqokolo: Canto de sobretono Xhosa

La música de la tribu Xhosa, en el este de Sudáfrica, es un ejemplo de los dos tipos de canto mencionados.

Los adivinos masculinos practican el canto de garganta, que es un sonido áspero y grueso hecho con la garganta y el cual se utiliza como una especie de percusión. Las mujeres sólo practican un tipo de canto de sobretono que también se conoce como umngqokolo.

Estos sonidos los hacen para imitar sus instrumentos musicales de arco, como el "umrhube" y el "uhadi", y creen que esto les ayudará a ponerse en contacto con sus antepasados para recibir curación y orientación espiritual.

Canciones de los Dani de Papúa Nueva Guinea

Los Dani, también llamados Ndani, viven en la parte occidental de Nueva Guinea. Ellos utilizan el canto tonal para contactar con los ancestros y obtener conocimientos espirituales.

. . .

Cuncordu a Tenore de Cerdeña

El canto "tenore" es un estilo específico de música popular de la región de Barbagia, en la isla de Cerdeña. El cuncordu es la música sagrada de Cerdeña, utilizada desde la antigüedad para curar y enseñar.

Su interpretación está a cargo de cuatro hombres que se colocan juntos en un círculo. El líder, o "voche", canta la melodía solista con voz regular. La segunda voz se llama "mesuvoche" y también utiliza su voz normal. La tercera y la cuarta voz, llamadas "contra" y "bassu" respectivamente, utilizan el canto de sobretono.

Las relaciones de los intervalos armónicos

Existen relaciones básicas que conforman los principales intervalos.

1:1	Fundamental	55 Hz	A
2:1	Octava	110 Hz	A
3:2	Quinta	165 Hz	E
4:3	Cuarta	220 Hz	A
5:4	Tercera mayor	275 Hz	C#
6:5	Tercera menor	330 Hz	E
7:6	Tercera menor	385 Hz	G
8:7	Segunda mayor	440 Hz	A

Aprendiendo a cantar con sobretono tú mismo

. . .

Nuestras voces son los instrumentos más baratos y accesibles que tenemos si queremos trabajar y sanar con el sonido. Aunque no todo el mundo puede cantar como un monje tibetano, el canto de armónicos es accesible para cualquiera que pueda hablar.

La cantante de armónicos Jill Purce dijo que la concentración necesaria y el mecanismo del canto de armónicos en sí, según su experiencia, constituyen la mejor manera de utilizar partes del cerebro que nunca se usan. Esto permite entrar en la presencia del espíritu puro (Goldman, 1996).

Una rápida recapitulación de un par de conceptos importantes puede ser útil.

Frecuencia

La frecuencia representa el número de ciclos por segundo en el movimiento vibratorio de un sonido, es decir, el tempo al que oscila la onda sonora.

El rol de la frecuencia en la afinación

Los instrumentos musicales se afinan en frecuencias específicas. El tono estándar, conocido como tono de concierto, varía en diferentes partes del mundo y para diferentes instrumentos y ha cambiado a lo largo de los años.

El estándar moderno más utilizado, que empezó a usarse en 1939, es el de 440 Hz, que corresponde a la nota A por encima de C medio. El tono fue establecido como norma ISO 16 por la Organización Internacional de Normalización en 1975.

Desde principios del siglo XXI, muchas personas han empezado a defender el uso de 432 Hz en lugar de 440 Hz. Todavía no se han hecho cambios oficiales en el tono estándar.

LA SANACIÓN A TRAVÉS DEL SONIDO PARA PRINCIPIANTES

. . .

Tono fundamental

Cuando tocas una nota C en un piano, el primer sonido que escuchas es el C.

Sobretonos

Estos son los otros sonidos que también están presentes además del C. No suelen ser audibles para el oído humano medio.

Intervalos

Los sobretonos están relacionados matemáticamente entre sí y la diferencia entre ellos se llama intervalo.

Cómo tonificar las vocales

Los sonidos de las vocales, "AA", "EE", "II", "OO" y "UU", y los cruces musicales de una a otra al entonarlas contienen armónicos en su interior. El sonido de "aaa" tiene una cualidad diferente al de "eee", como en "me", por ejemplo. La forma en que se produce cada vocal hace que los armónicos específicos pasen a primer plano en cada sonido respectivo.

Intenta cantar "uuh", "ooo", "ohh", "aaa", "eye", "aye" y "eee" en una sola respiración, en un tono que te resulte cómodo, y escucha los armónicos que tu voz ya contiene sin ni siquiera intentarlo.

Tu pronunciación de cada vocal y la posición de tu boca al cantar los cruces entre las vocales determinarán los intervalos exactos de los sobretonos producidos. En general, según Goldman, el sonido "ooo" ayuda a crear los sobretonos de la octava y la quinta para el tono fundamental. El sonido "ohh" creará los sobretonos de la tercera mayor y los intervalos de quinta de la siguiente octava. El sonido "ahh" o "aye" ayudarán a crear los armónicos de la séptima. Pasar de "ooo" a "eee" producirá sobretonos más altos con cada nueva vocal (1996).

Al contrario de lo que pueda parecerte correcto, tendrás más éxito en la creación de sobretonos armónicos si pronuncias con menos rigor. Mantén el sonido en tu garganta y no intentes pronunciar las vocales. Moldea tu boca como si fueras a pronunciar la vocal, pero no la enuncies. El sonido debe formarse cambiando la posición de la mandíbula, la lengua y las mejillas.

Si te tapas un oído con la mano, al principio, podrás escuchar los sonidos con mayor claridad. Si sostienes la otra mano con la palma hacia ti a unas dos o tres pulgadas de tu boca, reflejará el sonido hacia tu oído ahuecado, haciendo aún más fácil escuchar los diferentes tonos que surgen.

No intentes cantar el tono inicial y fundamental en voz alta. Mantén el nivel de tu voz habitual. El volumen de los sobretonos se encuentra en proporción inversa al tono fundamental del principio. Concentra la energía del sonido en tu garganta en lugar de fuera de la boca y utiliza todas tus cavidades vocales de resonancia para amplificar los armónicos. Los armónicos no tienen que ver con una interpretación en sentido estricto; consisten más bien en facilitar la producción del sonido correcto que permitirá que los sobretonos se produzcan.

Siéntate cómodamente antes de empezar. Con la experiencia, te será posible cantar los armónicos de pie o incluso tumbado, sin embargo, al principio, necesitas darle apoyo físico al diafragma y a tu respiración mediante una postura sentada. Estar de pie también puede añadir una concentración innecesaria para mantener la postura correcta.

Es posible que al principio te cueste un poco distinguir los sobretonos. El oído occidental no suele estar entrenado para concentrarse en los tonos individuales, excepto si eres músico o ingeniero de sonido, claro. Sin embargo, con la práctica, se convertirá en algo natural.

Comienza tarareando un sonido "mmm" en un tono que te resulte natural y cómodo. Mantén el volumen bajo. Concentra la energía del sonido en tus labios para crear una fuerte sensación de vibración. Puedes comprobarlo tocando tus labios con un dedo. Deberías sentirlos vibrar.

Pasa de "mmm" a "uuu" (como en "moo" en inglés) sin interrumpir el sonido. Sólo tienes que mover los labios. Luego pasa a "ooo" (como en "go" en inglés), a "aaa", a "iii" (como en "my" en inglés), a "aye" (como en "may" en inglés), a "eee".

Abre los labios lo suficiente para que la vocal sea audible después del "mmm" y mantén la vibración.

A continuación, redondea los labios como si quisieras empezar a silbar. Imagina que pones cara de pez al abrir los labios.

Cambia el sonido a "mmmooorrrreee" (como en "more" en inglés) en una sola respiración y extiéndelo todo lo que puedas.

Respira profundamente y dirige tu atención a la cavidad nasal. Es importante proyectar el sonido hacia la cavidad nasal para producir sobretonos. No es algo que resulte natural para los occidentales y tendrás que practicarlo.

Una forma de aprender la proyección nasal es poner dos dedos a cada lado de la nariz mientras se emite un sonido "neeee" (como en "knee" en inglés). Deberías sentir una vibración en los dedos. Es completamente normal experimentar un drenaje de los senos paranasales mientras se hace esto. ¡Es posible que quieras tener un pañuelo de papel a mano!

. . .

Otro buen sonido para practicar a continuación es "nnnuuurrrr" (como en "her" en inglés). Primero, haz que tu cavidad nasal vibre con el sonido "nnnn". Después, añade la parte "uuurrr" a "nnnn". El sonido "nnnn" seguirá vibrando en la nariz mientras el resto del sonido se añade en la parte posterior de la garganta.

La parte "rrrr" del sonido es producida por la lengua que se ha desplazado hacia delante para vibrar cerca del paladar. Esta es una ubicación especialmente importante que hay que recordar, ya que ayuda a controlar los tonos armónicos más altos. Ten en cuenta que la lengua no está tocando el paladar, sino que vibra sobre la saliva. Si hay contacto entre la lengua y la boca, el sonido se amortiguará y se impedirá la vibración de la lengua.

Mueve la lengua de un lado a otro en línea recta y escucha los cambios en el sonido. Encuentra el punto en el que el tono alto, que suena como un pequeño silbido, sea más fuerte. Una vez que estés en ese punto, cambia la forma de tu boca y disfruta de los diferentes armónicos que vas a producir.

Otro sonido útil para practicar es el de "nnnguuunnng". Trabaja con el músculo de la parte posterior de la garganta, llamado glotis, para enseñarle a producir armónicos.

Empieza con "nnnn" en la cavidad nasal y luego di la palabra "gung" (como en "tongue" en inglés). Vuelve a "nnnn" y di la palabra "gong". Nasaliza otro "nnnn" y di la palabra "gang". Haz otro "nnnn" nasal y di la palabra "ging" (como en "sing" en inglés).

Ahora, haz toda la secuencia en una sola respiración. Pasa de "nnnngung" a "nnngong", a "nnnngang", a "nnnging". Básicamente estás manteniendo el sonido nasal "nnnn" mientras entonas las otras palabras. Toma conciencia de los diferentes armónicos que se producen en la parte posterior de la garganta.

El siguiente paso es intentar una combinación de "mmmooorrr", "nnnuuurrr" y "nnngong". Haz toda la secuencia en una sola respiración y escucha los cambios en los armónicos que salen de ti.

A continuación, invierte la secuencia para empezar con "nnnngong" y terminar con "mmmooorrr". También puedes mezclarlos todavía más y empezar con "nnnuuurrr".

Según Goldman, estos tres fonemas son los más útiles para producir sobretonos. Hay otras combinaciones a las que puedes pasar, como "wwwooowww", "hhhuuurrreee" (como "nnnnuuurrr" pero con una "eee" añadida) y "oooeee". El último funciona mejor en un tono alto o en tu voz de falsete.

Pasar de "uhhh" a "eee" cubre todo el espectro de sobretonos (1996).

Tu rango vocal natural suele influir en la producción de armónicos. Si sigues teniendo problemas para producirlos después de practicar un rato, intenta desplazar tu tono inicial a un nivel más alto o más bajo y comprueba si se produce algún cambio. Los armónicos son tan individuales como la propia voz.

Es probable que encuentres un fonema específico que se convierta en tu favorito. Concéntrate en él y trabaja para hacerlo sonar más fuerte. Cuando hayas conseguido una línea armónica, será más fácil practicar todas las demás a la perfección.

Intenta practicar en un entorno tranquilo para que te resulte más fácil escuchar los sobretonos. Tu cerebro y tus oídos no están acostumbrados a estos sonidos y es posible que tardes en captarlos con otros sonidos de por medio.

La resonancia que se forma en tu cabeza con el sonido de tu voz (en el tono fundamental) también tiene que ser sintonizada mentalmente por tu cerebro antes de que puedas distinguir fácilmente los sobretonos.

Puede ser útil grabarte a ti mismo durante la práctica. No siempre nos escuchamos a nosotros mismos como lo hace otra persona porque algunos sonidos se amortiguan en nuestros propios oídos mientras viajan por los huesos. También podemos olvidarnos de escuchar si nos concentramos mucho en producir los sonidos.

Escuchar una grabación de ti mismo también puede ser un

enorme estímulo para tu confianza, pues al principio puede ser difícil creer que realmente has conseguido producir los sonidos.

El componente clave es la práctica. No te desanimes si no lo consigues en pocos días. No es un proceso que ocurra sin pensar y trabajar en él; a la mayoría de nosotros no nos han enseñado a experimentar con el sonido desde la infancia. Es tanto un cambio cerebral como un cambio físico en la producción de sonido que tienes que hacer. Sé amable y gentil contigo mismo y recuérdate constantemente que puedes hacerlo. Esto no puede perjudicarte; de hecho, sólo puede beneficiarte.

Tienes que tener una actitud positiva hacia los armónicos cuando practiques, incluso si no estás seguro de poder dominar la técnica. Reserva un mínimo de 15 minutos cada día, en un momento y lugar donde puedas estar tranquilo y concentrado en tu práctica. Apaga cualquier distracción, como la computadora, y pon el teléfono en modo avión si lo tienes encendido para grabarte.

No te apresures con los fonemas. Entónalos de forma deliberada y consciente. Tómate un tiempo entre los ejercicios para reflexionar sobre lo que has conseguido y las sensaciones que puedas sentir en cualquier parte de tu cuerpo. El ritmo cardíaco, la presión arterial, la respiración y la temperatura de la piel pueden cambiar.

Si la tonificación te trae imágenes mentales o recuerdos, tómate un momento para notarlos también. No te detengas en las emociones, simplemente reconócelas y déjalas ir. Te estás curando.

Llevar un diario puede ser útil para hacer un seguimiento de tu viaje de restauración. Una vez que pongas una sensación, un pensamiento, un recuerdo o una emoción en palabras sobre el papel, estará fuera de tu camino mental y podrás seguir adelante.

Muchas tradiciones consideran los armónicos como sonidos sagrados. Ahora tienes la capacidad de crearlos en tu propia vida y cuerpo. Acéptalos con alegría y respeto ante la forma inmensamente maravillosa en que funciona el universo. ¡Disfruta de su poder rejuvenecedor y equilibrador!

· · ·

LA SANACIÓN A TRAVÉS DEL SONIDO PARA PRINCIPIANTES

Un enfoque algo más simplificado

Un enfoque más resumido desde un ángulo ligeramente diferente también es eficaz. Sin embargo, puede llevar más tiempo dominar completamente los armónicos de esta manera. Asegúrate de que tu tráquea y tus cuerdas vocales estén bien hidratadas, porque una boca y una garganta secas dificultarán el canto.

- Relaja los labios y la mandíbula. Si esto te resulta difícil, elige cualquier nota en un tono que te sea cómodo para el rango medio y haz un zumbido con ella. Escoge un sonido vocálico, como "aa" u "oo", inhala y haz un zumbido con dicho sonido en una exhalación completa y lenta.
- Hazlo tantas veces como necesites para sentirte totalmente relajado. Deberías poder dejar la mandíbula colgando sin ninguna sensación de tensión o tirantez en los músculos del cuello y la garganta.
- Abre la boca y mantén la lengua justo debajo del paladar. Emite un sonido "rrr" o "lll" sin que la lengua toque ninguna parte de la boca. Si de vez en cuando esta roza el paladar, no pasa nada, pero vuelve a bajarla ligeramente para no amortiguar el sonido.
- Manteniendo la lengua en esta posición, cambia el sonido a "oo". Intenta cantarlo con una voz que suene desde el pecho, lo más grave que puedas. Es como decir la palabra "cool" con voz grave.
- Ahora mueve el cuerpo de la lengua hacia delante y hacia atrás (o hacia arriba y hacia abajo, si te resulta más intuitivo) sin cambiar la posición de la punta de la lengua. Piensa que es como alternar entre un sonido "r" y un sonido "l" sin mover toda la lengua. Te llevará algún

tiempo acostumbrarte a hacerlo: ten paciencia y tómatelo con calma.
- Cambia lentamente la posición de los labios para formar un sonido "ee" mientras mantienes la lengua en el mismo lugar.
- Vuelve a mover los labios para formar un sonido "uu" (como si dijeras "see you" en inglés sin la "s").
- Hazlo lentamente y escucha los cambios de resonancia en tu boca.
- Ya estás preparado para juntarlo todo: Coloca la lengua cerca del paladar como si fueras a decir "rrr"; mueve la posición de los labios lentamente entre los sonidos "ee" y "uu".
- Ahora, curva la lengua hacia arriba, hacia atrás y lejos de los labios.
- Cuando oigas salir los sobretonos, deja de mover la boca y mantén la posición.

Asegúrate de cantar desde el pecho y no desde la cabeza. Una voz que sale de la cabeza tiene un tono más alto; además, la resonancia no se siente tan claramente en el cuerpo como con la voz que sale del pecho.

Cuando tengas las bases claras, podrás crear melodías cambiando el tono fundamental y moviendo los labios.

Escuchar grabaciones y ver vídeos de cantantes de sobretono también puede ayudarte. Practica las posiciones de la boca frente a un espejo para asegurarte de que estés imitando los vídeos correctamente.

8

MAGIA CON MANTRAS

Los mantras son palabras o frases que se repiten durante la meditación para facilitar la concentración. Estos tienen su origen en la tradición india, donde se consideraban expresiones sagradas.

Los instructores del hinduismo y el budismo impartían mantras personales a sus alumnos cuando se iniciaban.

El uso de los mantras se ha generalizado mucho, pero siguen siendo igual de útiles para la concentración de la mente. En realidad, no están pensados para silenciar por completo todos los pensamientos, sino para expandir la mente, para aumentar la conciencia ante los estímulos externos y las sensaciones emocionales sin involucrarse.

La anatomía de un mantra

Aunque mucha gente considera que un mantra es una intención o una afirmación, es mucho más que eso. La palabra se compone de las dos partes "man" y "tra".

"Man" viene de la palabra sánscrita "manas", que se refiere a la mente lineal, mientras que "tra" significa "cruzar". Un mantra es una forma de ayudar a la mente a cruzar a un estado de relajación profunda, meditación y conciencia.

Los mantras pueden ser cualquier cosa que no tenga un contenido que distraiga; estos, a menudo, no significan nada. Los mantras que carecen de significado son meras ayudas para alcanzar un mayor nivel de conciencia sobre el yo y nuestras respuestas a las sensaciones y el entorno (Thorp, 2021).

Otros mantras se refieren a deidades y sirven para pedirles determinadas cosas (Atkins, 2015).

La historia

Los primeros mantras datan de hace al menos 3.500 años. Estos mantras fueron compuestos en sánscrito védico, una lengua indoeuropea que existía en la India mucho antes de la llegada de la escritura.

El Veda se refiere a una colección de himnos y versos que se consideraban sagrados. La gente creía que las palabras eran dadas a los videntes por los propios dioses (Feuerstein, 2011).

En el hinduismo primitivo, los mantras se utilizaban para solemnizar los rituales. Cada mantra se asociaba a un ritual específico. Los propósitos de los rituales eran resolver problemas concretos y cotidianos, como encontrar el ganado perdido.

Con el tiempo, se desarrollaron los conceptos de virtudes e intenciones abstractas.

El primer mantra fue om/ohm/aum (hay varias grafías diferentes del mantra). Este mantra hace referencia a los orígenes de todo y al creador y se antepone a todas las oraciones hindúes (Feuerstein, 2011).

La ciencia

Un estudio realizado por científicos de Israel confirma lo que los yoguis llevan años diciendo: La repetición de una palabra o frase ralentiza una parte del cerebro que se ocupa, entre otras cosas, de nuestra respuesta a los factores de estrés.

La actividad del cerebro se calma, eliminando cualquier proceso que compita con la repetición del mantra. Lo que los investigadores llaman "respuestas corticales de alto nivel" se reducen, produciendo un efecto calmante generalizado (Berkovich-Ohana et al., 2015).

Para la sanación, esto significa que los estímulos externos que compiten con la concentración de la mente en la actividad curativa se silencian, por así decirlo. Los procesos físicos también se calman lo suficiente como para no interferir con el trabajo de curación de la mente.

El sonido del mantra, ya sea pronunciado de forma audible o silenciosa, crea vibraciones que ayudan a la curación.

El efecto curativo de la meditación se demostró en un estudio en el que se pidió a ocho personas mayores de 60 años con pérdida de memoria que hicieran una meditación Kirtan Kriya durante 12 minutos cada día, manteniéndola durante ocho semanas. Tras las ocho semanas, los puntos clave de sus cerebros y su rendimiento cognitivo fueron evaluados y comparados con el inicio del estudio.

Entre otras cosas, se encontraron mejoras significativas en la memoria y el estado de ánimo (Moss et al., 2012).

Tipos de mantras

Hay tres tipos principales de mantras.

- Un bija (pronunciado "beej") es un mantra semilla védico. Los bija mantras se consideran los sonidos centrales que se asocian a las deidades. Se cree que están dotados de poderes espirituales para conceder deseos. A menudo se incorporan a otros mantras para aumentar su eficacia. Los bija mantras se utilizan para abrir y equilibrar los chakras (Yogapedia, 2017).
- Se cree que los saguna mantras tienen el poder de materializar la forma de las deidades. La palabra sánscrita "saguna" significa "tener cualidades asociadas". Los saguna mantras se utilizan para invocar a deidades específicas para obtener algo de ellas, como su protección (Yogapedia, 2017).
- Los nirguna mantras son declaraciones filosóficas abstractas. La palabra sánscrita "nirguna" significa "ser sin forma". El mantra que se percibe como el sonido original de la creación, "aum", es un nirguna. Los nirguna mantras son los más antiguos y tienen su origen en los textos védicos (Yogapedia, 2017).

Algunos mantras conocidos

Si alguna vez te has preguntado qué significan palabras como "om" y "padme" y para qué se utilizan, esta sección es para ti.

Om Mani Padme Hum

. . .

Este es uno de los mantras más conocidos del mundo. Tiene su origen en la India y el Tíbet.

Muchos monjes tibetanos recitan estas palabras miles de veces al día como parte de sus rituales. El Dalai Lama tradujo las palabras como "la joya está en el loto" (Atkins, 2015).

En la tradición yóguica, el loto simboliza el poder de transformación del barro en una magnífica flor. Recitar el mantra significa afirmar el poder de hacer lo necesario para transformar la vida propia desde la oscuridad y la ignorancia hacia la sabiduría, la gracia y la belleza.

Parte del atractivo de este mantra reside en su aspecto universal. Muchas personas de todo el mundo están recitando las palabras al mismo tiempo. Esto crea un vínculo con todos aquellos que se han esforzado en el pasado por pasar de la ignorancia a la sabiduría, y con todos aquellos que, en el futuro, seguirán haciéndolo.

Om Namah Shivaya

En esta ocasión, hablamos de un saludo al dios Shiva, que se asocia con la transformación a través de la destrucción. El mantra habla de encontrar paz y consuelo a pesar de saber que la destrucción es inevitable.

A menudo se conoce como el mantra de las cinco sílabas, que evoca los cinco elementos de la existencia según las tradiciones hindúes y védicas: fuego, aire, agua, tierra y espacio.

So Hum

. . .

Este mantra es considerado como un mantra de respiración. Se entiende que el significado filosófico de las palabras es "Yo soy eso", pero el mantra también se puede emparejar sólo con inhalaciones y exhalaciones, sin contemplar ningún significado más profundo.

En la tradición yóguica, se cree que So Hum vibra en la misma frecuencia que Om, el sonido de la creación. Se dice que aporta expansión a la conciencia, simbolizando el constante estado de cambio en el que nos encontramos nosotros y la creación.

Cuando se utiliza como ayuda durante la respiración, la inhalación se realiza con "hum" y la exhalación con "so" (Atkins, 2015).

Aham Prema

Traducido vagamente del sánscrito, el mantra significa "Yo soy el amor divino". Al entonar las palabras, la persona afirma que se alinea con la pureza del amor divino (Yogapedia, 2017).

Meditación trascendental

La meditación trascendental entra en la categoría de meditación sin concentración. Esta es una forma de permitir que la mente se mueva libremente hacia la quietud que ya existe, sin centrarse en nada específico.

Los defensores de esta técnica creen que es, entre otras cosas, mejor para reducir la ansiedad, los comportamientos dependientes de las drogas y la presión arterial (The Meditation Trust, s.f.).

Se diferencia de la meditación mindfulness en que no hay ningún esfuerzo para centrar la mente en la respiración o en otra cosa.

Al dejar vagar la mente mientras se recita un mantra, las ondas cerebrales cambian a un patrón alfa. Las ondas alfa se asocian con la relajación profunda y el estado de alerta (The Meditation Trust, s.f.).

Orígenes

La meditación trascendental procede de la tradición védica. Los sabios indios practicaron la meditación durante años, pero las técnicas y los conocimientos no eran accesibles a la población en general.

En 1953, un famoso gurú llamado Brahmananda Saraswati, llamado Gurú Dev por sus seguidores, encomendó a su alumno de nombre Maharishi Mahesh Yogi la tarea de difundir el conocimiento de la meditación por todo el mundo.

En 1958, Maharishi Mahesh Yogi viajó a Estados Unidos y Europa con su mensaje. Tuvo tanto éxito que la meditación se convirtió en una actividad muy conocida y practicada en Occidente. El grupo de pop The Beatles incluso fue a la India en 1968 para estudiar con él.

En el momento de su muerte, en 2008, Maharishi Mahesh Yogi había certificado a más de 40.000 profesores de meditación y había establecido numerosos centros de meditación trascendental en todo el mundo (TMHome, s.f.).

¿Qué hay en el nombre?

Maharishi Mahesh Yogi acuñó el término "trascendental" para distinguir esta técnica de meditación que él enseñaba de otros tipos.

Él quería enfatizar el proceso de trascender los patrones de pensamiento ordinarios de la mente para alcanzar la quietud perfecta.

Mantras de meditación trascendental

Los mantras que se repiten en silencio durante la meditación trascendental son personalizados, dados al estudiante por un instructor. El instructor sigue las directrices establecidas por Maharishi Mahesh Yogi.

Durante este tipo de meditación, el mantra y su sonido no se utilizan como un punto focal, sino como un vehículo para transportar la mente sin esfuerzo a reinos más profundos.

Para que un mantra sea un mantra de meditación trascendental, su sonido debe carecer de sentido para evitar la mente cognitiva. También tiene que resonar con el sonido de la creación, "om", para atraer la mente hacia la búsqueda de una mayor felicidad y armonía (TMHome, s.f.).

Los mantras son sonidos sánscritos que se cree que producen la curación de todo el cuerpo y la mente.

Los estudiantes de la técnica deben mantener su mantra en secreto con el fin de preservar su poder personal cuando se utiliza correctamente.

El mantra se utiliza siempre en silencio, para permitir que tanto el cuerpo como la mente se sumerjan en un profundo estado de reposo. Pronunciar el mantra en voz alta compromete los músculos y ocupa la mente, lo que impedirá que la persona alcance el silencio natural.

9
MEDITACIONES GUIADAS CON SONIDO

La relación entre el sonido y la meditación es muy poderosa. Ambos gigantes de la curación hacen un excelente trabajo por separado, pero juntos, sus efectos se amplifican.

Muchos expertos han creado sonidos y música específicamente para la meditación. Gran parte de estos están disponibles de forma gratuita en sitios web como Youtube. También existen numerosas aplicaciones gratuitas para dispositivos móviles.

Sin embargo, cualquier sonido puede utilizarse para una meditación con sonido si se está en el estado de ánimo adecuado.

En este capítulo, primero exploraremos por qué el sonido y la meditación son tan buenos compañeros. Luego, pasaremos a algunas meditaciones guiadas que puedes probar. Los guiones de las meditaciones están completamente escritos, por lo que puedes leerlos y grabarlos fácilmente con tu teléfono móvil. Si añades tu propia música o sonidos descargados, puedes sentarte o tumbarte y disfrutar de los beneficios de las meditaciones cuando te apetezca.

SONIDO Y MEDITACIÓN: COMPAÑEROS PERFECTOS

. . .

Al igual que la meditación altera algunos aspectos de la función cerebral, el sonido también lo hace. ¿Te parece descabellado? Exploraremos ambas afirmaciones con mayor profundidad antes de llegar a los guiones de las meditaciones.

Sonido

El mundo del sonido y su efecto sobre nosotros es tan profundo que los científicos descubren continuamente nuevas facetas. Hablar de ello es como hacer girar una piedra preciosa para que capte la luz de todas las formas posibles, y esto sin repetir la información ya tratada anteriormente en el libro.

Tanto si escuchas sonidos de la naturaleza, música, tu propia voz o incluso sonidos que normalmente se perciben como ruido intrusivo, tu cerebro responderá a dichos sonidos y a tus intenciones mientras escuchas (MacMillan, 2017).

Científicos de la Escuela de Medicina de Brighton y Sussex, en Inglaterra, realizaron escaneos de imágenes por resonancia magnética funcional (IRMf) en los cerebros de 17 adultos jóvenes mientras escuchaban sonidos de la naturaleza. Los participantes tenían entre 17 y 34 años de edad, y ninguno de ellos había consumido medicamentos durante mucho tiempo ni tenía antecedentes de enfermedades físicas o mentales importantes.

Sus cerebros fueron monitorizados a través de cuatro conjuntos separados de paisajes sonoros de poco más de cinco minutos cada uno. Mientras escuchaban, tenían que realizar una tarea de seguimiento en la pantalla de una computadora que requería un bajo nivel de atención.

Además de los escaneos, los participantes también informaron sobre sus experiencias subjetivas de los paisajes sonoros y la tarea de monitorización.

Los científicos descubrieron una notable diferencia entre la duración de la atención y la frecuencia cardíaca de los participantes que escucharon los sonidos de la naturaleza en comparación con los que no tuvieron que escucharlos.

En cuanto a la actividad cerebral, los escáneres de IRMf mostraron un cambio en la región del cerebro donde se produce la actividad para realizar la tarea de monitorización después de escuchar los sonidos con respecto a los participantes que no escucharon los paisajes sonoros antes de completar la misma tarea. La actividad cerebral principal se desplazó de la parte anterior, o delantera, a la posterior, o trasera (Gould van Praag et al., 2017).

Dicho de forma simplificada, esto implica que las acciones cognitivas pasaron de ser puramente racionales a ser más guiadas visualmente. Expresado de otra manera, el enfoque de las personas que escucharon sonidos de la naturaleza se dirigió hacia afuera, mientras que el enfoque del otro grupo se dirigió hacia adentro, un patrón cerebral que se asocia con el estrés.

Esto implica, además, que escuchar sonidos puede alterar la forma en que vemos e interpretamos el mundo.

Meditación

Aunque la meditación se conoce desde hace siglos y mucha gente confía en su eficacia, la comunidad médica ha encontrado ahora pruebas científicas de los cambios que provoca esta práctica.

Mediante el uso de escáneres de resonancia magnética funcional (IRMf), se ha podido mapear y estudiar la actividad cerebral, proporcionando imágenes de cómo respondemos a la meditación.

Un estudio realizado en Italia descubrió que la meditación

produce modificaciones neurobiológicas en la autoconciencia, la atención y la memoria de las personas, así como en la regulación de sus emociones y respuestas a los estímulos. Después de tan sólo 20 minutos de meditación, las ondas alfa, que indican el razonamiento racional, disminuyeron, y las ondas theta, que muestran una relajación profunda, aumentaron. Este patrón persistió durante un tiempo significativo después de la sesión de meditación. Según los científicos, el efecto es similar al que experimentan las personas que hacen ejercicio regularmente (Boccia et al., 2015).

No hay una forma correcta o incorrecta de meditar. Es algo que puedes hacer de la manera que más te convenga. Las meditaciones guiadas, los guiones y otros materiales informativos no hacen más que abrir el camino a tus propios experimentos.

En la meditación guiada, alguien te acompaña en el proceso. Todo lo que tienes que hacer es cerrar los ojos y seguir la voz.

La meditación no guiada ocurre en silencio y la única guía son tus pensamientos.

La meditación puede centrarse en la relajación y la calma, en la resolución de un asunto concreto o en la obtención de una visión de una situación o un problema. La meditación también puede incorporar todos estos elementos en una sola sesión.

Hay varios estilos de meditación que incorporan diferentes tipos de sonidos o silencio.

Si eliges el sonido, puedes utilizar paisajes sonoros de la naturaleza, una voz, mantras, música como las frecuencias Solfeggio, los ritmos binaurales o sonidos ambientales. Incluso puedes utilizar ruidos cotidianos: uno de los guiones que aparecen más adelante en este capítulo trata sobre estos ruidos.

Tararear es otro tipo de meditación muy potente.

. . .

Para ayudar a centrar la mente, las meditaciones suelen comenzar con un escaneo mental del cuerpo. Es como hacer un inventario de conciencia de tu cuerpo, de la cabeza a los pies. Esto hace que todas las sensaciones, tensiones o dolores llamen tu atención. Entonces puedes relajarte y enviar energía curativa a cada parte del cuerpo que lo necesite.

La siguiente parte de la meditación se centra en el objetivo principal de la sesión, ya sea una intención o un problema que hay que resolver.

¡Pongamos ahora en práctica tus nuevos conocimientos!

Guiones para meditaciones guiadas

A continuación, encontrarás algunos guiones diseñados con el fin de ayudarte a cultivar el mindfulness y abordar problemas comunes para la curación.

Lo mejor es que grabes los guiones y los reproduzcas para ti mismo. Un par de consejos para grabar con éxito los guiones de meditación son:

- No leas demasiado rápido. Lo que parece una lectura lenta suena diferente cuando la escuchas. Deja al menos dos o tres respiraciones entre cada línea.
- A mucha gente no le gusta escuchar su propia voz. Pero no dejes que eso te desanime. Inconscientemente, solemos escuchar mejor las sugerencias que nos hacen los demás. Así las sugerencias no se sienten como órdenes.
- Lee con voz tranquila, realizando pausas en medio de las frases siempre que te resulte cómodo hacerlo.
- Di las palabras con claridad, sin sobrepronunciar nada.
- Reproduce el audio a un volumen lo suficientemente

bajo como para que sea tranquilizador, aunque lo suficientemente alto como para que puedas escucharlo sin esforzarte.

TRANSFORMANDO EL RUIDO EN SONIDOS CURATIVOS

¿Creerías que los ruidos cotidianos que normalmente se perciben como molestos pueden utilizarse en la meditación para lograr la curación y el equilibrio?

No es el sonido en sí lo que es malo, es nuestra percepción del sonido lo que le da una cualidad "mala". Si cambiamos nuestra actitud hacia el sonido, pasando de la aversión a la curiosidad, el ruido es tan eficaz en la meditación como un paisaje sonoro natural relajante.

Busca un lugar cómodo para sentarte o tumbarte.

No cruces los tobillos y estira las piernas rectas si estás tumbado. Si estás sentado, mantén los pies apoyados en el suelo uno al lado del otro.

Relaja los brazos y las manos, ya sea en tu regazo o a tus lados en la cama.

Cierra los ojos si te sientes cómodo haciéndolo o dirige una mirada suave hacia el horizonte o hacia algún punto al frente.

Inhala profundamente a la cuenta de cuatro... mantén la respiración durante dos segundos... y exhala a la cuenta de cuatro.

. . .

LA SANACIÓN A TRAVÉS DEL SONIDO PARA PRINCIPIANTES

TOMA CONCIENCIA DE TODOS LOS SONIDOS QUE PUEDES ESCUCHAR.
Los sonidos están fuera pero también dentro de tu cuerpo.
 Escucha tu respiración.
 Escucha los latidos de tu corazón.
 Oye cómo corre la sangre.
 Escucha los sonidos de tu estómago.
 Y respira.
 1... 2... 3... 4.

AGUANTA LA RESPIRACIÓN.

1... 2.

SUELTA EL AIRE POR LA BOCA.
 1... 2... 3... 4.
 Y de nuevo... inspira. 1... 2... 3... 4.
 Aguanta la respiración.

1... 2.

SUELTA EL AIRE POR LA BOCA.
 1... 2... 3... 4.

AHORA TOMA CONCIENCIA DE LOS SONIDOS DEL EXTERIOR. ¿OYES LAS bocinas de los coches? ¿Oyes a la gente hablar? ¿Oyes el rugido del tráfico? ¿Oyes quizás un cortacésped o un soplador de hojas en algún lugar? ¿Oyes a los niños jugar o a un bebé llorar? ¿Hay algún avión sobrevolando?
 Dirige tu atención a tu casa. ¿Hay una televisión encendida? ¿Hay telé-

fonos móviles sonando? ¿Hay alguien limpiando la casa o haciendo algo en la cocina? ¿Pita el microondas? ¿Hay perros ladrando o loros silbando?

Observa todos estos sonidos sin ninguna emoción. No te resientas y no intentes bloquearlos. Abre tu mente a ellos y síguelos. Siente curiosidad por ellos. Déjales ser. Escucha.

[PAUSA]

SIENTE CÓMO TODO TU SER SE VUELVE LIGERO Y DEJA QUE TU *conciencia se deje llevar por las ondas de los sonidos. Siente cómo toda la tensión almacenada en tu cuerpo se desprende y se queda atrás mientras te dejas llevar por las corrientes del sonido.*

No pienses en nada, sólo déjate llevar, observa y relájate.

Inhala... aguanta un momento... y exhala.

Siente la calidez y la increíble ligereza de estar en paz contigo mismo y con tu entorno.

Vuelve gradualmente tu atención desde el exterior hacia el interior de tu mente y tu cuerpo.

Deja que las ondas sonoras floten en tu cuerpo y eliminen todo el malestar y la tensión. Siente cómo la paz reparadora empuja suavemente todas las dudas y preocupaciones fuera de tu mente hasta que estés completamente tranquilo por dentro.

Permanece en esta tranquilidad todo el tiempo que quieras.

[PAUSA]

VUELVE A TOMAR CONCIENCIA DEL MUNDO EXTERIOR LENTAMENTE *cuando estés preparado. Mueve tus extremidades y abre los ojos.*

. . .

LA SANACIÓN A TRAVÉS DEL SONIDO PARA PRINCIPIANTES

ALIVIANDO EL DOLOR FÍSICO

Las personas que experimentan una relajación profunda como en un estado de meditación tienen más posibilidades de controlar el dolor crónico. Gran parte del éxito de una meditación para aliviar el dolor depende de si aceptas o luchas contra tu dolor.

El dolor es la forma que tiene el cuerpo de decirte que hay un desequilibrio en alguna parte que necesita ser atendida. Tienes que aceptar y trabajar con esto sin reservas, ya que es la forma en que tu cuerpo te guía amablemente. Sólo entonces podrás transformar el dolor y encontrar alivio.

Para esta meditación, puedes elegir cualquier sonido de la naturaleza que te resulte calmante y relajante. Sonidos como el romper de las olas, el fluir del agua sobre las piedras o la suave lluvia cayendo pueden funcionar bien, dependiendo de tus preferencias. El uso de auriculares facilitará la concentración en los sonidos y evitará las distracciones.

Siéntate o túmbate en una posición cómoda en la que sientas el menor dolor e incomodidad.

Concéntrate en los sonidos de la naturaleza que escuchas e intenta excluir otros sonidos por ahora.

A continuación, concéntrate en tu respiración. Sin forzar nada, empieza a respirar desde el abdomen en vez de desde el pecho.

Ahora retrocede mentalmente y observa tus sensaciones físicas. ¿Dónde sientes dolor? ¿Qué intensidad tiene? ¿Se te viene a la mente algún color, sabor, forma u olor?

Localiza tu tensión. Toma nota de dónde se almacena y cómo hace sentir a esa parte de tu cuerpo. ¿El color, el sabor, la forma o el olor de la tensión difieren del dolor?

Continúa respirando suave y profundamente, exhalando completamente.

. . .

Mantén la imagen de tu dolor y tensión ante ti. No juzgues ni intentes cambiar nada. Tampoco luches. Simplemente observa. En este momento, es lo que es.

A medida que pasa el tiempo, observa cómo se producen cambios sutiles. Ningún momento es exactamente igual al anterior.

Ahora, intenta mirar tu dolor y tu tensión con aceptación. Si tienes un color personal que te tranquiliza, intenta cambiar los colores de las molestias a ese tono.

Si sientes que te tensas con el esfuerzo, afloja y respira primero. Luego vuelve a intentarlo. Esto no es una carrera ni una prueba.

Repite estas afirmaciones para el manejo del dolor sin importar el orden:

- *Me acepto a mí mismo*
- *Acepto mi dolor*
- *Acepto mi tensión*

Relájate un momento y vuelve a observar. Inspira profundamente y exhala por completo.

Vuelve a dirigir tu mirada hacia tu dolor y tu tensión. ¿Ha cambiado algo? ¿Has conseguido modificar algún aspecto, aunque sea mínimamente?

Ahora vuelve a visualizar tu dolor e imagina que es un parche frío sobre la piel. Inspira profundamente y exhala aire frío hacia el dolor, llevado por las olas o el viento que estás escuchando.

Visualiza la sensación de frescor moviéndose por debajo del dolor y sustituyendo el malestar por un agradable cosquilleo.

Experimenta cómo la sensación placentera crece, se apodera de la zona dolorida y te permite relajar los músculos cansados que estaban tensos al luchar contra el dolor.

Inspira profundamente... y déjalo salir.
E inhala... y exhala.

E INHALA... Y EXHALA.

ELIGE UNA PALABRA DE ENFOQUE PARA REPETIRLA MIENTRAS SIGUES *respirando con calma, por ejemplo, "descansado".*

INHALA Y EXHALA EN TU MENTE "DESCANSADO". DÉJATE LLEVAR POR *tu palabra de enfoque con tranquilidad. Cuando otros pensamientos intenten entrometerse, vuelve a centrarte en "descansado".*
Dentro... descansado... fuera.

DENTRO... DESCANSADO... FUERA.

DENTRO... DESCANSADO... FUERA.

SIGUE ASÍ TODO EL TIEMPO QUE QUIERAS. NO TIENES QUE HACER QUE *ocurra nada y no estás obligado a producir nada en particular. Sólo relájate en tu descanso.*
Cuando estés preparado para volver a tus actividades habituales, tómate un momento para tomar conciencia de las sensaciones de tu cuerpo. Observa lo relajados que están tus músculos y lo quieto que está todo en tu interior.
Memoriza esta sensación y llévala contigo cuando abras lentamente los ojos. Mueve ligeramente los brazos y las piernas mientras vuelves a inspirar profundamente. Haz un suave estiramiento al exhalar y experimenta la sensación de que tu cuerpo y tu mente vuelven a estar alerta.

DEJANDO IR LA ANSIEDAD

LA ANSIEDAD Y EL PÁNICO PUEDEN ADOPTAR MUCHOS DISFRACES en nuestras vidas y también se manifiestan en síntomas físicos como problemas digestivos o migrañas. Es una parte natural de la respuesta de lucha o huida del cuerpo. A veces, sin embargo, la ansiedad se produce sin un desencadenante claro y eso puede llegar a ser problemático e incluso, en casos graves, debilitante.

Afortunadamente, la meditación y el sonido pueden ayudar. El guión que se presenta a continuación se ocupa de la ansiedad general. Al final se han añadido un par de adaptaciones que puedes utilizar para dirigirte a lugares específicos de tu cuerpo donde se manifiesta la ansiedad. Simplemente sustituye la parte general por una sección específica si lo necesitas.

Si te apetece combinar esta meditación con frecuencias Solfeggio, escucha la frecuencia universal de 528 Hz para recablear las vías neuronales del cerebro y liberar la ansiedad. También puedes escuchar la frecuencia de 396 Hz, la cual promueve la limpieza del miedo y los sentimientos de culpa. La primera frecuencia está asociada al chakra solar y la segunda al chakra raíz.

Busca un lugar cómodo para sentarte o tumbarte. Mantén los brazos a los lados si estás tumbado o cómodamente relajados en tu regazo si estás sentado. Mantén las piernas y los tobillos sin cruzar para mejorar el flujo sanguíneo.

Cierra los ojos si te sientes cómodo haciéndolo. Si te hace sentir más ansioso, fija tu mirada desenfocada en algún lugar al frente.

En este momento estás seguro y protegido y puedes relajarte.

INSPIRA PROFUNDAMENTE DESDE EL ABDOMEN. MANTÉN LOS *hombros abajo y relajados, no los subas para respirar.*

Si la ansiedad te dificulta inspirar profundamente porque te sientes constreñido, no luches contra ella. Simplemente respira tan profundamente como puedas en ese momento y saborea la sensación.

Inhala de nuevo... y exhala.

E inhala... y exhala.

Llena tus pulmones de aire tan profundamente como puedas y permite que se expanda la sensación de restricción dentro de tu cuerpo y tu mente.

Inhala... y exhala.

E INHALA... Y EXHALA.

SUELTA LA TENSIÓN Y EL TEMBLOR. DEJA QUE LA RESPIRACIÓN LOS *expulse y aleje.*

NO HAY NINGÚN OTRO LUGAR EN EL QUE TENGAS QUE ESTAR AHORA *mismo... ningún lugar al que tengas que ir deprisa... ninguna exigencia de tu tiempo. Estás en un lugar seguro y tranquilo donde eres bienvenido y amado.*

No tienes nada por lo que sentirte culpable porque estás en el lugar y el momento adecuados para ti. Te mereces este tiempo para relajarte y llenar tu mente y tu alma con nueva energía para funcionar lo mejor posible.

Estás haciendo lo correcto. Estás cuidando tu salud.

Vuelve a inhalar... y a exhalar.

E inhala... y exhala.

Mientras sigues respirando tranquila y profundamente, toma conciencia de las sensaciones de tu cuerpo. No juzgues ni evalúes. No hay nada malo. Las cosas son como son. Obsérvalas.

¿DÓNDE SIENTES LAS SENSACIONES FÍSICAS? ¿HAY DOLORES? ¿HAY *molestias? ¿Dónde están? No intentes cambiar estas sensaciones, sólo obsérvalas.*

Vuelve a inhalar... y a exhalar.
E inhala... y exhala.
Empieza por la parte superior de la cabeza. ¿Te duele la cabeza? ¿Sientes la cabeza tensa, como si esta tuviera una banda alrededor?
¿Te duele el cuello y lo sientes tenso?

¿Y LA CARA Y LA MANDÍBULA? ¿TIENES EL CEÑO FRUNCIDO? ¿Aprietas los dientes? ¿Te duele algún diente?
Baja a los hombros. ¿Te duelen o están cansados? ¿Están contraídos?

¿SIENTES EL PECHO Y LA CAJA TORÁCICA, APRETADOS Y constreñidos? ¿Te duele respirar profundamente?

OBSERVA LA PARTE CENTRAL DE TU CUERPO. ¿SE SIENTE AHUECADA E incómoda? ¿Se siente tensa? ¿Te duele de alguna manera?
¿Tienes alguna molestia en el abdomen? ¿Sientes náuseas? ¿Sientes hambre pero no puedes ponerle nombre a lo que buscas? ¿Te sientes hinchado y pesado?
Mueve tu conciencia hacia tus caderas. ¿Hay alguna tensión o dolor?
Vuelve a inhalar... y a exhalar.
E inhala... y exhala.

OBSERVA TUS PIERNAS Y PIES. ¿ESTÁN RELAJADOS? ¿LOS DEDOS DE TUS pies están doblados hacia arriba o están relajados?
Ahora que sabes dónde están los puntos de tensión, vuelve a ellos, uno por uno. Mantén un lugar de tensión en tu mente mientras inspiras. Al espirar, envía la respiración hacia la tensión. Visualiza que los músculos van soltando poco a poco la tensión a medida que la respiración los va llenando y abriendo.

Siente el agradable calor de la relajación extendiéndose por todo el cuerpo.

Imagina que respiras calma y relajación en estado puro, y que expulsas la tensión, la tirantez y la pesadez.

Inhala calma... y exhala tensión.

Y la calma entra... y la tensión sale.

Sigue reemplazando la tensión y el malestar por una calma abierta y relajante. Siente que todo el temblor de tu interior se detiene, dejando atrás un maravilloso silencio en el que flotas, sintiéndote ligero y relajado.

Inhala calma... y exhala tensión.

Y la calma entra... y la tensión sale.

* Ahora vuelve a los lugares de tu cuerpo donde antes sentías tensión. ¿Se sienten diferentes?

Tómate el tiempo que necesites para esto. [Pausa]

Si hay lugares que aún no han liberado su tensión, sigue enviando calma con tus inhalaciones y dejando salir la tensión con tus exhalaciones.

Inhala calma... y exhala tensión.

Y la calma entra... y la tensión sale.

Saborea la sensación de suavidad y calidez que se apodera de todo tu cuerpo. Acurrúcate con ella. Te lo mereces.

Siente cómo se disuelve la dureza que se acumulaba en tu núcleo, convirtiéndose en algo suave y cálido.

Descansa en la suave calidez, disfrutándola, saboreándola.

[Pausa]

Ahora toma conciencia de tus pensamientos. ¿Se modificaron *cuando las sensaciones de tu cuerpo cambiaron? ¿Son más tranquilos, más lentos, menos frecuentes?*

Deja que tu mente vaya en la dirección que quiera. No te concentres en nada, sólo deja que tus pensamientos vaguen. Observa lo que te traen, sin responder de ninguna manera.

Inhala quietud... y exhala ruido.
Y la quietud entra... y el ruido sale.
Tómate el tiempo que quieras para disfrutar de este estado de relajación silenciosa. Sigue respirando profunda y tranquilamente.

[Pausa]

* Ancla el recuerdo de esta sensación en tu mente y en las *fibras de tu ser. Cada vez que sientas que la ansiedad aparece, recuerda la sensación y permite que te inunde de nuevo con calma y calor reconfortante.*

Vuelve a ser consciente de tu entorno. Deja que los sonidos y *las sensaciones de tu mundo físico vuelvan a penetrar en tu conciencia.*
 Mueve ligeramente tus extremidades. Sigue respirando profunda y tranquilamente.
 Abre los ojos cuando estés preparado.

Ansiedad en el estómago

Sustituye el guión general de * a * por el siguiente:

Dirige tu atención amable y tranquila a tu estómago. Toma *conciencia de cómo se siente. ¿Se siente anudado y tenso? ¿Se siente vacío y hueco? ¿Sientes dolor? ¿Sientes náuseas o alguna otra molestia? ¿Sientes hambre sin querer comer y sin saber qué es lo que realmente buscas?*
 Describe mentalmente las sensaciones de tu estómago. Dales palabras e imágenes. Permite que existan y acéptalas. Piensa en ellas como mensajeras de ti mismo que han venido a mostrarte dónde necesitas sanar.

Ahora que tienes tus imágenes mentales, puedes dejarlas flotar.

Vuelve a prestar atención a tu respiración. Inhala lo más profundo que puedas sin forzar ni tirar de los hombros hacia arriba; trata de hacerlo a la cuenta de cuatro.
1... 2... 3... 4...

Mantén la respiración contando hasta dos.
1... 2...
Suelta el aire por la boca a la cuenta de cuatro.
1... 2... 3... 4...
E inhala.

1... 2... 3... 4...
Mantén la respiración contando hasta dos. 1...2...
Suelta el aire por la boca a la cuenta de cuatro. 1... 2... 3... 4...

Siente cómo tu respiración se mueve sobre los sonidos de la música que te rodea y permite que el sonido penetre en la pelota tensa de tu estómago. Deja que el sonido se abra paso suavemente a través de la agitación y el malestar que sientes, dejando un silencio tranquilo a su paso.

Deja que el sonido te absorba y te haga flotar en un cojín de paz relajante. Siente cómo la música se traslada a todas las partes de tu cuerpo, dejando a su paso la misma sensación suave, tranquila y ligera.
Y respira.

1... 2... 3... 4...

• • •

ASCENDING VIBRATIONS

Mantén la respiración contando hasta dos.
1... 2...
Suelta el aire por la boca a la cuenta de cuatro.

1... 2... 3... 4...
Vuelve a prestar atención a tu estómago. ¿Se siente suave y despejado ahora? ¿Se siente tranquilo y preparado para aceptar de nuevo la vida y sus experiencias?

Ansiedad que se manifiesta en el movimiento de las manos

Sustituye el guion general de * a * por el siguiente:

Ahora vuelve a prestar atención a tus manos. ¿Estaban quietas hasta ahora o se han movido? Si quieren moverse, permítanles hacerlo ahora. Que se muevan todo lo que quieran durante 20 segundos.
[Pausa]

Ahora estira las manos y los dedos tanto como te resulte cómodo. Ábrelos lenta y tranquilamente... estíralos... estira también los brazos. Mantén el estiramiento durante un par de segundos... y afloja.
Ahora cierra las manos en puños apretados, lo más fuerte que puedas apretarlos... mantenlos... y afloja.
Vuelve a abrir las manos y estíralas, separando los dedos y estirando los brazos... mantenlos... y relaja y deja que las manos y los brazos queden flojos.
Siente la sensación de calor y relajación en tus manos ahora que se han estirado bien. Puede que incluso sientas un pequeño cosquilleo.
Deja que los brazos y las manos queden sueltos a los lados o en tu regazo.

Saborea la calma que ha llegado a tus manos. Sé plenamente consciente de la sensación de serenidad y relajación que hay en ellas.

Cada vez que quieras mover las manos, siente que son demasiado pesadas para moverlas. Están... demasiado... relajadas.

Tus manos y tus brazos son cada vez más pesados... y están más relajados... están creciendo para contener más pesadez.

La sensación de pesadez es agradable y tranquilizadora. Estás tranquilo, descansado y feliz.

Inhala profundamente... y exhala.

E inhala... y exhala.

Ahora llena tu mente con una imagen de color azul. No necesita una forma, es simplemente azul. Visualiza el azul en el tono más relajante que puedas imaginar.

Visualiza el azul relajante moviéndose hacia tus manos y brazos... representando la pesadez apacible y tranquila.

Cuando sientas que se acerca la necesidad de mover las manos, imagina el color azul y experimenta la sensación de serena quietud y relajación.

Inhala profundamente... y exhala.

E inhala... y exhala.

Sumérgete totalmente en el color azul durante unos momentos... tómate el tiempo que quieras.

[Pausa]

Sólo respira. No pienses en nada. Sólo siente tu respiración tranquila y profunda. Cuando quieras mover las manos, imagina el color azul y experimenta al instante que la quietud vuelve a ellas y a tus brazos.

Siempre que tengas ganas de moverte inquietamente en el futuro, recuerda que puedes imaginar el color azul y sentir que tus manos se relajan.
Inhala profundamente... y exhala.
E inhala... y exhala.

ANSIEDAD QUE SE MANIFIESTA APRETANDO LA MANDÍBULA

Muchas personas se quejan de despertarse con dolor de muelas o de cabeza porque rechinan los dientes y aprietan la mandíbula mientras duermen. Apretar también puede convertirse en un comportamiento subconsciente mientras te concentras en una tarea estresante, aumentando el estrés que ya se está experimentando.

Sustituye el guión general de * a * por el siguiente:

Enfócate en tu boca y en tu mandíbula y toma conciencia de todas las sensaciones que hay allí.

¿Estás apretando los dientes ahora? ¿Te duelen los dientes, la mandíbula o las encías? ¿Sientes alguna tensión en los músculos que rodean la mandíbula y la zona de la garganta? ¿Sientes que te cuesta tragar? ¿Tienes dolor de oídos?

No midas ni juzgues, sólo observa.

Ahora inhala profundamente y, al exhalar, envía el aliento a la mandíbula. Inhala... y exhala.

Lleva las ondas de la música que estás escuchando y el sonido de tu voz leyendo este guión con tu respiración hacia tu mandíbula. Siente cómo disipan y reemplazan la tensión allí.

Siente cómo se extiende un frescor en tu boca y cómo desaparece la sensación de tensión y dolor.

Ahora vacía tu mente por un momento y simplemente... respira.
Inhala profundamente... y exhala.
Inhala... y exhala.
A continuación, tensa la mandíbula y junta los dientes ligeramente. No lo suficiente como para causar incomodidad, sólo ligeramente, y mantén unos momentos.
Observa las sensaciones de tu cara y tu mandíbula. Observa dónde están tensos los músculos ahora y si ha vuelto algún dolor.
A continuación, afloja lentamente, saboreando la sensación de relajación.
Inhala profundamente... y exhala.
Inhala... y exhala.

Vuelve a tensar la mandíbula y mantén los dientes un poco *más firmes. No debes sentir dolor, pero sí debes apretar más. Nota los cambios en tus músculos y toma conciencia de las sensaciones que estos te producen. Sigue apretando la mandíbula durante unos instantes.*
Suelta la tensión de golpe.
Inhala profundamente... y exhala.
Inhala... y exhala.
Deja que la mandíbula inferior caiga y cuelgue ligeramente. Siente la sensación de libertad y relajación.

Ahora, abre la boca ampliamente, todo lo que puedas. Siente *como si fueras a bostezar y tira de los músculos de las mejillas hacia arriba también.*
Relájalo todo, dejando que la boca se cierre y que los músculos se aflojen de nuevo. Mantén la mandíbula en una posición cómoda y memoriza la sensación.
Ten en cuenta que, a partir de ahora, cuando sientas la mandíbula tensa, esta es la sensación a la que puedes volver.

Respira hondo, exhala y déjate llevar por esta sensación de soltura y relajación todo el tiempo que quieras.

[P*ausa*]

Amándote y perdonándote a ti mismo

Amarse a uno mismo, perdonarse y dejar ir las cosas que uno cree que hizo mal puede ser un gran problema para algunas personas. Esto puede interponerse en el camino de la curación y el equilibrio emocional.

Combina esta meditación con la frecuencia Solfeggio que se relaciona con el chakra del corazón, que es de 639 Hz. Esta frecuencia promueve la curación a través del amor y produce una profunda conexión con uno mismo y con los demás.

Una frecuencia alternativa a utilizar es la de 741 Hz, que se relaciona con el chakra de la garganta. Esta frecuencia cura y equilibra la capacidad de decir la verdad con amor y paz y aumenta la confianza en uno mismo.

Busca una posición cómoda, ya sea tumbado o sentado.

Si estás sentado, dobla las manos libremente en tu regazo. Mantén los pies juntos en el suelo.

Si prefieres estar tumbado, estira las piernas rectas y no cruces los tobillos. Deja los brazos sobre la cama o dobla las manos sobre el centro.

Coloca una almohada debajo de las rodillas si te resulta más cómodo: tu objetivo es quererte a ti mismo y permitirte un espacio para ser el ser glorioso que eres.

Toma conciencia de las superficies que te tocan. ¿Son cálidas, suaves, lisas o ásperas? Fíjate en el apoyo que te dan y en los puntos en los que tu cuerpo siente más dicho apoyo.

Inspira profundamente y deja que el aire llene tu abdomen y tu pecho. Siente cómo el aire entra en tus pulmones y expande tu pecho.

Toma conciencia de todas las sensaciones que hay en tu pecho. ¿Sientes alguna constricción? ¿Se siente abierto y receptivo? ¿Sientes la necesidad de cerrar y proteger?

Deja que la apertura se extienda hasta la garganta, conectando la garganta con la cavidad torácica.

Inhala... y exhala.

E inhala... y exhala.

Y DE NUEVO, INHALA... Y EXHALA.

E inhala... y exhala.

Siente la inmensidad dentro de ti y recuerda que esa es la verdadera esencia del ser que a menudo hieres y juzgas. Aprende que no tienes ni principio ni fin y que eres verdaderamente maravilloso, digno de amor.

Reconoce que mereces ser amado, cuidado y aceptado. Eres precioso y único.

Inhala... y exhala.

E INHALA... Y EXHALA.

Y DE NUEVO, INHALA... Y EXHALA.

E inhala... y exhala.

Mantén un sentimiento cálido de aceptación y cuidado de ti mismo en tu interior y permite que se expanda y te llene de calor hasta donde llegue. No fuerces nada, sólo deja que se mueva.

[PAUSA]

. . .

ASCENDING VIBRATIONS

Forma una intención en tu mente para perdonarte a ti mismo por todas las veces que no te amaste, para perdonarte por todas las cosas que crees que hiciste mal o que dejaste de hacer.

Mantén la intención de amor y perdón en tu mente y dale un color y una forma. Dale la vuelta y mírala por todos los lados. ¿Es blanda o dura? ¿Es redonda o cuadrada? ¿Es larga o corta? ¿Es un corazón o cualquier otra forma reconocible?

¿Pulsa? ¿Emite luz? ¿Es brillante?

¿De qué color es? ¿Es tal vez un rosa cálido o un verde profundo y relajante? ¿O es un azul tranquilo? ¿Quizás un púrpura intenso?
Inhala... y exhala.

E inhala... y exhala.

Y de nuevo, inhala... y exhala.
E inhala... y exhala.
Ve la intención amorosa en la forma y el color que imaginas llenándote de su amor. Imagina que expulsa toda la falta de amabilidad y el odio y que llena cada rincón de tu ser con amor, aprecio y perdón hacia ti mismo.
Sé consciente de la paz que esto te hace sentir. Siente la maravillosa calma que ha descendido sobre ti como una suave manta ahora que la guerra interior ha desaparecido.
Saborea la paz, la calidez y la tranquilidad.
Inhala... y exhala.
E inhala... y exhala.

Y de nuevo, inhala... y exhala.
E inhala... y exhala.

· · ·

[Pausa]

Cuando estés preparado, di las siguientes afirmaciones en tu mente:
Me perdono y me amo incondicionalmente y sin límites.
Me acepto incondicionalmente y sin reservas.
Cuido de mí mismo, de mi salud y de mi paz interior porque sé que me lo merezco.
Me cuido con alegría y facilidad, no es una carga.
Libero cualquier sentimiento de culpa e indignidad porque ya no me sirven.
Inhala... y exhala.
E inhala...y exhala.

Y de nuevo, inhala... y exhala.
E inhala... y exhala.
Repite tus afirmaciones tantas veces como quieras.

Me perdono y me amo incondicionalmente y sin límites.
Me acepto incondicionalmente y sin reservas.
Cuido de mí mismo, de mi salud y de mi paz interior porque sé que me lo merezco.
Me cuido con alegría y facilidad, no es una carga.
Libero cualquier sentimiento de culpa e indignidad porque ya no me sirven.
Inhala... y exhala.
E inhala... y exhala.
Y de nuevo, inhala... y exhala.
E inhala... y exhala.
Me perdono y me amo incondicionalmente y sin límites.
Me acepto incondicionalmente y sin reservas.

Cuido de mí mismo, de mi salud y de mi paz interior porque sé que me lo merezco.

Me cuido con alegría y facilidad, no es una carga.

Libero cualquier sentimiento de culpa e indignidad porque ya no me sirven.

Inhala... y exhala.

E inhala... y exhala.

Y de nuevo, inhala... y exhala.

E inhala... y exhala.

Mueve tu conciencia de nuevo hacia tu pecho y tu garganta. ¿Ha cambiado algo? ¿Respiras con más facilidad? ¿Te sientes más tranquilo y relajado?

Ten en cuenta que, siempre que descubras que no estás siendo amable contigo mismo, puedes volver a la intención amorosa que mantuviste antes y dejar que extienda su magia de calidez y amor y perdón y aceptación de nuevo para llenar tu ser.

SUPERANDO EL TRAUMA

EL TRAUMA PUEDE INCRUSTARSE EN LO MÁS PROFUNDO DE nuestras mentes y nuestros cuerpos, causando enfermedades y problemas mentales. El trauma puede quedar enterrado tan profundamente que podemos olvidar que alguna vez ocurrió, pero esto no eliminará sus consecuencias en nuestro bienestar.

Libera el trauma almacenado consciente y subconscientemente con esta meditación guiada. Elige cualquier sonido de la naturaleza para que suene de fondo mientras sigues el guión. Puede ser cualquier cosa que te calme y te tranquilice, como una ligera brisa que agita las hojas o el agua que fluye alegremente sobre los guijarros.

Aunque te guste mucho la idea, no es recomendable que elijas sonidos alegres, como una hoguera crepitante, por ejemplo. Las llamas no son tranquilizadoras y tal imagen puede aumentar las sensaciones de ansiedad que podrían surgir al trabajar con los recuerdos traumáticos.

Busca una silla cómoda para sentarte, túmbate en una cama o elige un sofá que sea lo suficientemente largo para que puedas estirar las piernas completamente. Si estás tumbado, mantén los brazos a los lados y las manos en posición horizontal o crúzalas cómodamente sobre el vientre. Si eliges una posición sentada, mantén las manos relajadas y sueltas en el regazo. Mantén las piernas y los tobillos sin cruzar para ayudar a mejorar el flujo sanguíneo.

Cierra los ojos si te sientes cómodo haciéndolo. Si te hace sentir ansioso, fija tu mirada desenfocada y suave en algún lugar al frente o en el suelo.

Recuerda que estás seguro y protegido en este momento y que puedes relajarte.

Respira profundamente esta seguridad desde el abdomen. *Mantén los hombros abajo y relajados, no los subas para respirar. Siente que una sensación cálida y de seguridad se extiende por el abdomen, el pecho y la garganta, envolviendo tu corazón en un suave sosiego.*

Exhala completamente y visualiza que sacas cualquier tensión o malestar con la respiración.

Vuelve a inhalar la seguridad y exhala el estrés y el miedo.

Inhala... y exhala.

E inhala... y exhala.

Tómate un momento para repetirte a ti mismo: "Estoy a salvo. Soy libre".

Y de nuevo... "Estoy a salvo. Soy libre".

Inhala... y exhala.

E inhala... y exhala.

Siente cómo se aflojan las ataduras que rodean tu cuerpo *mientras saboreas tu afirmación tantas veces como quieras.*

"Estoy a salvo. Soy libre".

Υ DE NUEVO... *"Estoy a salvo. Soy libre".*
Inhala... y exhala.
E inhala... y exhala.

[Pausa]

Ahora permítete recordar ese trauma o todo lo que puedas *recordar de él. Deja que la imagen inunde tu mente. No tengas pensamientos racionales sobre ella, no trates de decirte a ti mismo lo que deberías haber hecho, simplemente deja que la película se reproduzca en tu mente.*
    Vuelve a ser consciente de tu cuerpo. ¿Sientes nuevas sensaciones en algún lugar que no estaban ahí antes de la película mental?
    Reconoce cualquier sentimiento y sensación física sin intentar cambiarlos. Repite tus afirmaciones y respira.
    "Estoy a salvo. Soy libre".

Υ DE NUEVO... *"Estoy a salvo. Soy libre".*
Inhala... y exhala.
E inhala... y exhala.

"Estoy a salvo. Soy libre".
    Y de nuevo... "Estoy a salvo. Soy libre". Inhala... y exhala.
E inhala... y exhala.

[Pausa]

    . . .

Ahora revisa tu cuerpo en busca de algún lugar específico donde sientas la tensión más fuerte que en cualquier otro lugar. Puede ser un dolor o una vaga sensación de incomodidad. Podría ser una sensación de constricción o náuseas.

Sigue respirando profunda y tranquilamente y visualiza que envías la respiración a la parte afectada de tu cuerpo como una luz dorada. Imagina que la luz dorada inunda y baña esa parte, aflojando la tensión y calmando el dolor.

Si sientes que las emociones surgen, déjalas y reconócelas como voces de tu ser superior que han venido a limpiarte y liberarte. Deja que te bañen mientras respiras profunda y tranquilamente.

¿Hay alguna emoción que se destaque por encima de las demás? ¿Dónde sientes esta emoción?

Envía la luz dorada de tu respiración a los músculos y órganos donde experimentas la emoción fuerte.

Pide a los músculos que se ablanden. No intentes forzar nada, sólo pídeles repitiendo con calma: "Suave... suave... suave".

No estás intentando que las emociones o el dolor desaparezcan al pedirles que se ablanden, sólo les estás pidiendo que se ablanden en torno al malestar.

"Suave... suave... suave".

Inhala... y exhala.

E inhala... y exhala.

[Pausa]

Saborea la suavidad que ha llegado y agradece a tus músculos y órganos por permitir que esa suavidad entre.

Reconoce que el dolor y la tensión siguen ahí, pero que son más suaves en torno a ellos.

Encuentra paz al saber que cada vez que les pidas que se suavicen un poco más, lo harán, hasta que ya no se aferren a los recuerdos dolorosos y traumáticos. Los recuerdos simplemente se alejarán flotando, exhalados con la luz dorada de tu respiración.

Te estás volviendo a sentir completo y todo está bien.
"Estoy a salvo. Soy libre".
Y de nuevo... "Estoy a salvo. Soy libre". Inhala... y exhala.
E inhala... y exhala.

VUELVE A TOMAR CONCIENCIA DE TU ENTORNO CUANDO TE SIENTAS *preparado. Agita ligeramente los brazos y las piernas y abre los ojos.*

UNA MEDITACIÓN CON TARAREO

YA SEA TARAREANDO TU CANCIÓN FAVORITA O SONANDO COMO un abejorro sin melodía, tararear es un poderoso potenciador de intenciones e imágenes.

Puedes hacer una meditación con tarareo de la forma tradicional, manteniendo las manos relajadas, o puedes poner los pulgares en las orejas con los dedos colocados sobre la frente. Si cierras los oídos de esta manera, amplificarás el sonido del tarareo, haciendo que las vibraciones sean aún más fuertes.

LA BELLEZA DEL TARAREO RESIDE EN EL HECHO DE QUE NO ES necesario interrumpir las actividades cotidianas si se necesita un rápido restablecimiento vibracional. Puedes tararear suavemente en voz baja mientras caminas, conduces o haces cualquier cosa en la que el sonido no moleste a los demás.

Para el siguiente guión, hemos asumido que estás sólo meditando y manteniendo tus manos relajadas. Adáptalo como quieras.

Siéntate o túmbate cómodamente. Mantén las piernas rectas, los pies juntos y los tobillos sin cruzar.

Inhala profundamente desde el abdomen, manteniendo los hombros quietos.

Exhala completamente.

Observa si tienes alguna molestia o dolor en alguna parte de tu cuerpo a la que te gustaría enviar las vibraciones del tarareo.

Reflexiona sobre si mantienes alguna intención de algo que quieras conseguir o una sensación o percepción que quieras cambiar. Formula tu intención en palabras para ti mismo con la mayor claridad que puedas.

Vuelve a inhalar... y a exhalar.

Inhala... y exhala tarareando suavemente. No fuerces tu voz *y mantenla suave. Puedes mantener los labios cerrados o abrirlos ligeramente, lo que te resulte natural y cómodo.*

Inhala... y exhala en mmm...

E inhala... y exhala en mmm.

Inhala... y exhala en mmm...

E inhala... y exhala en mmm.

Toma conciencia de en qué parte de tu cuerpo sientes las vibraciones del tarareo. ¿Están en tu cabeza, tu corazón, tu garganta o tu estómago? ¿Las vibraciones despiertan alguna otra sensación en tu cuerpo?

Sigue tarareando suavemente durante todo el tiempo que quieras, notando cómo las vibraciones te atraviesan.

Inhala... y exhala en mmm...

E inhala... y exhala en mmm.

Inhala... y exhala en mmm...

E inhala... y exhala en mmm.

[Pausa]

Ahora, dirige las vibraciones a la parte del cuerpo que quieres curar o relajar. Imagina las vibraciones como una espiral dorada que gira suavemente, frotando y rozando esa parte del cuerpo con calma, suavidad y salud.

Inhala... y exhala la espiral dorada en mmm...

E inhala... y exhala en mmm.
Inhala... y exhala la espiral dorada en mmm...
E inhala... y exhala en mmm.
Vuelve a pensar en la intención que formulaste antes. Visualiza las palabras de la intención enredándose en la espiral dorada, haciéndose una con ella. Imagina que la intención es llevada con la espiral a cada fibra de tu ser.
Sigue haciendo esto durante todo el tiempo que quieras.

Inhala... y exhala la espiral dorada en mmm...
E inhala... y exhala en mmm.
Inhala... y exhala la espiral dorada en mmm...
E inhala... y exhala en mmm.

[Pausa]

Cuando te sientas preparado, deja de exhalar la espiral *dorada y el tarareo. Respira normal pero profundamente durante el tiempo necesario para volver a ser consciente de tu entorno.*
Inhala de nuevo... y exhala. [Pausa]
Abre lentamente los ojos.

CONCLUSIÓN

Deseo sinceramente que el viaje a través de la sanación con sonido que has realizado conmigo en este libro haya cambiado tu vida para mejor de manera profunda.

Lleva contigo lo que has aprendido en el camino para convertirte en la mejor versión de ti mismo, tal y como estaba previsto desde el principio de los tiempos.

Ahora estás equipado con una comprensión de lo importante y fundamental que es el sonido para la vida. Entiendes cómo el sonido nos ha formado y continúa moldeándonos; depende de nosotros utilizarlo sabiamente.

También has aprendido a adaptar el sonido para hacer que tu vida sea más fácil, más tranquila y, con suerte, menos sufrida.

Has realizado un acto de creación. ¡Bien hecho!

Que sigas adelante con amor, luz y coraje.

REFERENCIAS

Abhang, P. A., Gawali, B. W., & Mehrotra, S. C. (2016). *Introduction to EEG- and speech-based emotion recognition*. Amsterdam Elsevier. https://www.elsevier.com/books/introduction-to-eeg-and-speech-based-emotion-recognition/abhang/978-0-12-804490-2

Aller, M., Giani, A., Conrad, V., Watanabe, M., & Noppeney, U. (2015). A spatially collocated sound thrusts a flash into awareness. *Frontiers in Integrative Neuroscience*, 9. https://doi.org/10.3389/fnint.2015.00016

Ankrom, S. (2019). *How to breathe properly for relieving your anxiety*. Verywell Mind. https://www.verywellmind.com/abdominal-breathing-2584115

Atkins, S. (2015, August 21). *A beginner's guide to essential Sanskrit mantras*. Sonima. https://www.sonima.com/yoga/sanskrit-mantras/

Bakken Center for Spirituality and Healing. (2015, October 19). *Deep listening*. Center for Spirituality and Healing - University of Minnesota. https://www.csh.umn.edu/education/focus-areas/wholesystems-healing/leadership/deep-listening#:~:text=Deep%20listening%20is%20a%20process

Balezin, M., Baryshnikova, K. V., Kapitanova, P., & Evlyukhin, A. B. (2018). Electromagnetic properties of the Great Pyramid: First multipole resonances and energy concentration. *Journal of Applied Physics*, *124*(3), 034903. https://doi.org/10.1063/1.5026556

Balsamo, G., & Dagnese, L. F. (2012). *The Book of Breathing*. Robin.
Basner, M., Clark, C., Hansell, A., Hileman, J. I., Janssen, S., Shepherd, K., & Sparrow, V. (2017). Aviation noise impacts: State of the science. *Noise & Health*, *19*(87), 41–50. https://doi.org/10.4103/nah.NAH_104_16

Berkovich-Ohana, A., Wilf, M., Kahana, R., Arieli, A., & Malach, R. (2015). Repetitive speech elicits widespread deactivation in the human cortex: The "mantra" effect?. *Brain and Behavior*, *5*(7). https://doi.org/10.1002/brb3.346

Bhaumik, G. (2019, December 27). *Sound healing explained - how it works and health benefits*. Destination Deluxe. https://destinationdeluxe.com/sound-healing-health-benefits/

Biblioteka Records. (2015, October). *The solfeggio frequencies*. BIBLIOTEKA RECORDS. https://www.biblioteka.world/our-blog/2020/9/27/the-solfeggio-frequencies#:~:text=The%20Solfeggio%20Frequencies%3A%20Where%20Did%20They%20Come%20From%3F&text=In%20the%2011th%20century%2C%20a

Boccia, M., Piccardi, L., & Guariglia, P. (2015). The meditative mind: A comprehensive meta-analysis of MRI studies. *BioMed Research International*, *2015*, 1–11. https://doi.org/10.1155/2015/419808

REFERENCIAS

Booth, S. (2018, June 10). *Brain health with binaural beats*. Healthline. https://www.healthline.com/health-news/your-brain-on-binaural-beats#The-illusion-of-binaural-beats

Buddha Groove. (n.d.). *Traditional Tibetan tingsha cymbals / Meaning and origins*. Www.buddhagroove.com. https://www.buddhagroove.com/buddhist-ritual-tool-tingsha/

Chaieb, L., Wilpert, E. C., Reber, T. P., & Fell, J. (2015). Auditory beat stimulation and its effects on cognition and mood states. *Frontiers in Psychiatry*, 6. https://doi.org/10.3389/fpsyt.2015.00070

Chepesiuk, R. (2005). Decibel hell: The effects of living in a noisy world. *Environmental Health Perspectives*, *113*(1). https://doi.org/10.1289/ehp.113-a34

Clason, D. (2019, September 16). *Tinnitus sound therapy - how it works*. Healthy Hearing. https://www.healthyhearing.com/report/52999-Tinnitus-sound-therapy-retraining-the-way-the-brain-perceives-sound

Cooper, B. B. (2013, August 21). *What is meditation & how does it affect our brains?* Buffer Resources. https://buffer.com/resources/how-meditation-affects-your-brain/

Cymascope. (n.d.). *Home of the cymatics*. Cymascope. Retrieved 2021, from https://www.cymascope.com/cyma_research/egyptology.html

Dargie, D. (1991). Umngqokolo: Xhosa overtone singing and the song Nondel'ekhaya. *African Music: Journal of the International Library of African Music*, *7*(1), 33–47. https://doi.org/10.21504/amj.v7i1.1928

Davisi, J. (2021, March 2). *10-Minute meditation for depression*. Www.youtube.com. https://www.youtube.com/watch?v=xRxT9cOKiM8

Deva, C. (2018, June 19). *Emotional and mental causes of illness. The list by Louise Hay*. Heartland Healing Arts. https://www.heartlandhealingarts.com/blog/2018/6/19/emotional-and-mental-causes-of-illness-the-list-by-louise-hay

Encyclopedia.com. (2014). *Sound therapy*. Encyclopedia.com. https://www.encyclopedia.com/medicine/encyclopedias-almanacs-transcripts-and-maps/sound-therapy

Erkkilä, J., Punkanen, M., Fachner, J., Ala-Ruona, E., Pöntiö, I., Tervaniemi, M., Vanhala, M., & Gold, C. (2011). Individual music therapy for depression: Randomised controlled trial. *British Journal of Psychiatry*, *199*(2), 132–139. https://doi.org/10.1192/bjp.bp.110.085431

Estrada, J. (2020, March 25). *3 ways to bring your body vibrational balance using sound healing therapy*. Well+Good. https://www.wellandgood.com/sound-healing/

European Environment Agency. (n.d.). *Noise*. European Environment Agency. https://www.eea.europa.eu/themes/human/noise

Fellows, E. (n.d.). *Traveling the energetic highway: What are meridians?* Www.centerpointhealing.com. https://www.centerpointhealing.com/hyattsville/traveling-the-energetic-highway-what-are-meridians/#:~:text=The%20simplest%20definition%20is%20that

Feuerstein, G. (2011). *The deeper dimension of yoga: Theory and practice*. Shambhala.

Finne, P., & Petersen, T. H. (n.d.). *Traffic noise is dangerous to our health – but what do we do about it?* Forcetechnology.com. https://forcetechnology.com/en/articles/traffic-noise-dangerous-health-what-to-do-about-it

Flood, L. (2016, September 16). *Qi gong's healing sounds practice*. Chopra. https://chopra.com/articles/qi-gongs-healing-sounds-practice

Gabriel, R. (2015, January 15). *How to Use Sound to Heal Yourself*. Chopra. https://chopra.com/articles/how-to-use-sound-to-heal-yourself

Gadberry, A. L. (2011). Steady beat and state anxiety. *Journal of Music Therapy*, *48*(3), 346–356. https://doi.org/10.1093/jmt/48.3.346

Gingras, B., Pohler, G., & Fitch, W. T. (2014). Exploring shamanic journeying: Repetitive drumming with shamanic instructions induces specific subjective experiences but no larger cortisol decrease than instrumental meditation music. *PLoS ONE*, *9*(7), e102103. https://doi.org/10.1371/journal.pone.0102103

Goldman, J. (1996). *Healing sounds: The power of harmonics*. Element Books.

Goldman, J. (2009a). The basic principle of sound healing. *Jonathan Goldman's Healing Sounds*. https://www.healingsounds.com/the-basic-principle-of-sound-healing/#:~:text=A%20concept%20of%20using%20sound,of%20using%20sound%20to%20heal.

Goldman, J. (2009b, March 25). *Everything is in a state of vibration*. Www.youtube.com. https://www.youtube.com/watch?v=gHb3Zy1QgyQ

REFERENCIAS

Hanlon, B. (n.d.). *9 solfeggio frequencies*. Bríd Hanlon. https://www.bridhanlon.com/healy-therapist-programs/nine-solfeggio-frequencies

Hatton, J. (2018). What are the dangers or side effects of binaural beats? [YouTube Video]. In *YouTube*. https://www.youtube.com/watch?v=aXi_hIdovpU

Hunt, J. (2020, May 28). *What is primordial sound meditation? The four soul questions | Personal mantra | Four intentions*. Www.youtube.com. https://www.youtube.com/watch?v=URwQoFvk9Qo

Inner Health Studio. (2012). *Relaxation for pain management: Free relaxation script*. Www.innerhealthstudio.com. https://www.innerhealthstudio.com/pain-management.html

Inner Health Studio. (2020). *Generalized anxiety relaxation: Free relaxation script*. Www.innerhealthstudio.com. https://www.innerhealthstudio.com/generalized-anxiety-relaxation.html

Isahak, D. A. F. (2005, March 27). *Five-elements qigong*. The Star. https://www.thestar.com.my/lifestyle/health/2005/03/27/fiveelements-qigong#:~:text=Today%20I%20will%20share%20with

Kaku, Dr. M. (2011). The universe is a symphony of vibrating strings [YouTube Video]. In *YouTube*. https://www.youtube.com/watch?v=fW6JFKgbAF4

Kappert, M. B., Wuttke-Linnemann, A., Schlotz, W., & Nater, U. M. (2019). The aim justifies the means—differences among musical and nonmusical means of relaxation or activation induction in daily life. *Frontiers in Human Neuroscience, 13*. https://doi.org/10.3389/fnhum.2019.00036

Kučera, O., & Havelka, D. (2012). Mechano-electrical vibrations of microtubules--link to subcellular morphology. *BioSystems*, *109*(3), 346-355. https://doi.org/10.1016/j.biosystems.2012.04.009

Lazzerini, E. (2019, June 15). *How to cleanse crystals with a singing bowl*. Ethan Lazzerini. https://www.ethanlazzerini.com/cleanse-crystals-with-a-singing-bowl/

Lin, K. (n.d.). *Arthur Sullivan – The lost chord*. Genius.com. https://genius.com/Arthur-sullivan-the-lost-chord-lyrics

Lochte, B. C., Guillory, S. A., Richard, C. A. H., & Kelley, W. M. (2018). An fMRI investigation of the neural correlates underlying the autonomous sensory meridian response (ASMR). *BioImpacts*, *8*(4), 295-304. https://doi.org/10.15171/bi.2018.32

MacMillan, A. (2017, April 5). *Why nature sounds help you relax, according to science*. Health.com. https://www.health.com/condition/stress/why-nature-sounds-are-relaxing

Marsab Music Management. (n.d.). *Cuncordu e tenore de Orosei*. Marsab. http://www.marsab.net/tenores-2/

Mauli. (n.d.). *What are the 5 elements in Ayurveda?* Mauli Rituals. https://www.maulirituals.com/blogs/news/what-are-the-5-elements-in-ayurveda

McCraty, R., Atkinson, M., Tiller, W. A., Rein, G., & Watkins, A. D. (1995). The effects of emotions on short-term power spectrum analysis of heart rate variability. *The American Journal of Cardiology*, *76*(14), 1089-1093. https://doi.org/10.1016/s0002-9149(99)80309-9

Mehta, R., Zhu, R. (Juliet), & Cheema, A. (2012). Is noise always bad? Exploring the effects of ambient noise on creative cognition.

Journal of Consumer Research, *39*(4), 784–799. https://doi.org/10.1086/665048

Mind Tools Content Team. (2012). *Physical relaxation techniques: Deep breathing, PMR, and centering*. Mindtools.com. https://www.mindtools.com/pages/article/newTCS_05.htm

Miranda, Dr. R. A. (2020, February 22). *Do binaural beats work?* Www.youtube.com. https://www.youtube.com/watch?v=Om3zB35xxTo

Mogg, K., Bradley, B. P., Williams, R., & Mathews, A. (1993). Subliminal processing of emotional information in anxiety and depression. *Journal of Abnormal Psychology*, *102*(2), 304–311. https://doi.org/10.1037/0021-843x.102.2.304

Molesworth, BrettR. C., Burgess, M., & Gunnell, B. (2013). Using the effect of alcohol as a comparison to illustrate the detrimental effects of noise on performance. *Noise and Health*, *15*(66), 367. https://doi.org/10.4103/1463-1741.116565

Moss, A. S., Wintering, N., Roggenkamp, H., Khalsa, D. S., Waldman, M. R., Monti, D., & Newberg, A. B. (2012). Effects of an 8-week meditation program on mood and anxiety in patients with memory loss. *The Journal of Alternative and Complementary Medicine*, *18*(1), 48–53. https://doi.org/10.1089/acm.2011.0051

National Center for Environmental Health. (2019, October 7). *What noises cause hearing loss?* Centers for Disease Control and Prevention. https://www.cdc.gov/nceh/hearing_loss/what_noises_cause_hearing_loss.html

REFERENCIAS

National Geographic Society. (2019, July 16). *Noise Pollution*. National Geographic Society. https://www.nationalgeographic.org/encyclopedia/noise-pollution/

National Institute on Deafness and Other Communication Disorders, Maryland. (2015, August 18). *How do we hear?* NIDCD. https://www.nidcd.nih.gov/health/how-do-we-hear#:~:text=Sound%20waves%20enter%20the%20outer

O'Brien, T. (2019, December 8). *Six healing sounds (simple) for anxiety depression*. Www.youtube.com. https://www.youtube.com/watch?v=i8UovBIlM1o

Omnivos Therapeutics. (n.d.). *Education*. Www.omnivos.com. https://www.omnivos.com/education

Prestwood, K. M. (2003). Energy medicine: What is it, how does it work, and what place does it have in orthopedics? *Techniques in Orthopaedics*, *18*(1), 46–53. https://doi.org/10.1097/00013611-200303000-00009

Price, S. (2021, April 13). *Cymatics for healthcare: Applying the science of sound in cancer surgery*. Health Europa. https://www.healtheuropa.eu/cymatics-for-healthcare-applying-the-science-of-sound-in-cancer-surgery/107471/

Pujol, S., Berthillier, M., Defrance, J., Lardies, J., Levain, J.-P. ., Petit, R., Houot, H., & Mauny, F. (2014). Indoor noise exposure at home: A field study in the family of urban schoolchildren. *Indoor Air*, *24*(5), 511–520. https://doi.org/10.1111/ina.12094

Rivera-Dugenio, J. (2019). The language of our DNA-scalar energy. In *International Journal of Advanced Research and Publications*.

REFERENCIAS

http://www.ijarp.org/published-research-papers/mar2019/The-Language-Of-Our-Dna-Scalar-Energy.pdf

Rodrigues, S. (2020, May). *Conscious listening and sound perception*. Explore Life. https://www.explore-life.com/en/articles/conscious-listening-and-sound-perception

Root-Bernstein, M., & Root-Bernstein, R. (2010). *Einstein On creative thinking: Music and the intuitive art of scientific imagination*. Psychology Today. https://www.psychologytoday.com/us/blog/imagine/201003/einstein-creative-thinking-music-and-the-intuitive-art-scientific-imagination

Rubik, B., Muehsam, D., Hammerschlag, R., & Jain, S. (2015). Biofield science and healing: History, terminology, and concepts. *Global Advances in Health and Medicine*, 4(1_suppl), gahmj.2015.038. https://doi.org/10.7453/gahmj.2015.038.suppl

Russo, M. A., Santarelli, D. M., & O'Rourke, D. (2017). The physiological effects of slow breathing in the healthy human. *Breathe*, *13*(4), 298–309. https://doi.org/10.1183/20734735.009817

Santos-Longhurst, A. (2020, January 27). *Music as therapy: The uses and benefits of sound healing*. Healthline; Healthline Media. https://www.healthline.com/health/sound-healing#types

Satchwell, J. (2019, October 15). *3 ways to reduce pain with tuning forks*. Www.academyofsoundhealing.com. https://www.academyofsoundhealing.com/blog/3-ways-tuning-forks-can-reduce-pain

Scialla, J. (2019). *History of crystals and healing*. Crystalage.com. https://www.crystalage.com/crystal_information/crystal_history/

Scott, E. (2020a, June 29). *How noise pollution might be increasing your stress levels*. Verywell Mind. https://www.verywellmind.com/stress-and-noise-pollution-how-you-may-be-at-risk-3145041

Scott, E. (2020b, November 30). *Why noise is truly stressful and what to do about it*. Verywell Mind. https://www.verywellmind.com/how-to-reduce-noise-pollutions-negative-effects-3144733

Scott, E. (2021, January 5). *What You Need to Know About the Stress Hormone*. Verywell Mind. https://www.verywellmind.com/cortisol-and-stress-how-to-stay-healthy-3145080

Shanti Bowl. (n.d.). *How singing bowls work: The science of singing bowls*. Shanti Bowl. https://www.shantibowl.com/blogs/blog/how-singing-bowls-work-the-science-behind-singing-bowls

Shanti Bowl. (2021). *How to choose a singing bowl: Complete guide (Updated 2021)*. Shanti Bowl. https://www.shantibowl.com/blogs/blog/how-to-choose-a-singing-bowl

Smithsonian. (n.d.). *Smithsonian - tuning forks*. Americanhistory.si.edu. https://americanhistory.si.edu/science/tuningfork.htm

Snow, S. (2011). *Healing through sound: An exploration of a vocal sound healing method in Great Britain* [Thesis]. https://spectrum.library.concordia.ca/7351/1/Snow_PhD_S2011.pdf

Socratic. (2016, February 21). *What is the difference between an overtone and a harmonic?* Socratic.org. https://socratic.org/questions/what-is-the-difference-between-an-overtone-and-a-harmonic

Sørensen, M., Andersen, Z. J., Nordsborg, R. B., Becker, T., Tjønneland, A., Overvad, K., & Raaschou-Nielsen, O. (2013). Long-term exposure to road traffic noise and incident diabetes: A cohort study. *Environmental Health Perspectives*, *121*(2), 217–222. https://doi.org/10.1289/ehp.1205503

Sound Coherence. (n.d.). *Tom Hunt*. Www.soundcoherence.com. http://www.soundcoherence.com/about

Stelter, G. (2016, December 18). *A beginner's guide to the 7 chakras and their meanings*. Healthline; Healthline Media. https://www.healthline.com/health/fitness-exercise/7-chakras

Tenpenny, K. (2016, April 12). *Vocal toning- vowel sounds of each chakra and soul*. Www.youtube.com. https://www.youtube.com/watch?v=e5vbOpl6zS4

The Light of Happiness. (2021a, July 9). *9 best Tibetan singing bowls, plus 1 to avoid (2021 buyers guide) | The Light Of Happiness*. The Light of Happiness. https://www.thelightofhappiness.com/best-singing-bowls/

The Light of Happiness. (2021b, July 9). *9 best tuning forks for healing, plus 1 to avoid (2021 buyers guide)*. The Light of Happiness. https://www.thelightofhappiness.com/best-tuning-forks-for-healing/

The Meditation Trust. (n.d.). *How is transcendental meditation different?* The Meditation Trust. https://www.meditationtrust.com/how-is-transcendental-meditation-different/

The Physics Classroom. (n.d.). *Physics tutorial: Resonance*. Www.physicsclassroom.com. https://www.physicsclassroom.com/Class/sound/U11l5a.cfm#:~:text=This%20is%20known%20as%20resonance

Thorp, T. (2021, January 14). *The Chopra Center*. The Chopra Center. https://chopra.com/articles/what-is-a-mantra

TMHome. (n.d.). *Origins - Where does transcendental meditation come from?* Transcendental Meditation: LATEST NEWS & OPINIONS. https://tmhome.com/why-should-i-take-up-transcendental-meditation/origins/

Tools for Wellness. (n.d.). *Fibonacci tuning fork set*. Tools for Wellness. https://www.toolsforwellness.com/product/fibonacci-tuning-fork-set/

Traditional Chinese Medicine World Foundation. (2019). *Meridian connection*. TCM World; https://www.tcmworld.org/what-is-tcm/meridian-connection/

Treasure, J. (2013). *Conscious listening*. Www.imdrt.org. http://www.imdrt.org/mentoring

Treasure, J. (2017). *How to be heard: Secrets for powerful speaking and listening*. Coral Gables, Fl Mango Publishing Group.

Treasure, J. (2020, September 18). *Transform your relationships with three types of listening*. Www.juliantreasure.com. https://www.juliantreasure.com/blog/types-listening-relationships#:~:text=Outer%20listening%20is%20the%20process

Trice, E. (2020, August 15). *Buying my own singing bowl transformed my meditation practice*. Shape. https://www.shape.com/lifestyle/mind-and-body/tibetan-singing-bowl-meditation

University Of Maryland Medical Center. (2005, March 16). *Laughter helps blood vessels function better*. ScienceDaily. https://www.sciencedaily.com/releases/2005/03/050310100458.htm

REFERENCIAS

University of Toronto Computer Science. (2004). *What Is Sound?* http://www.cs.toronto.edu/-gpenn/csc401/soundASR.pdf

Voigt, J. (2012). *The six healing sounds: Chinese mantras for purifying the body, mind, and soul.* Www.qi-Journal.com. https://www.qi-journal.com/qigong-meditation/qigong-ch-i-kung/2809-six-healing-sounds

Voigt, J. (2013). *The man who invented "qigong."* Www.qigonginstitute.org. https://www.qigonginstitute.org

Wakeling, N. (2007, January 3). *Chakra toning.* Sound Intentions. https://www.soundintentions.com/sound-healing/exercises/chakra-toning/

Walsh, K. M., Saab, B. J., & Farb, N. A. (2019). Effects of a mindfulness meditation app on subjective well-being: Active randomized controlled trial and experience sampling study. *JMIR Mental Health*, 6(1), e10844. https://doi.org/10.2196/10844

Wang, H., Tang, D., Wu, Y., Zhou, L., & Sun, S. (2020). The state of the art of sound therapy for subjective tinnitus in adults. *Therapeutic Advances in Chronic Disease*, 11, 2040622320956420. https://doi.org/10.1177/2040622320956426

Weller, L. (2020, September 3). *How the chakra system relates to the solfeggio scale.* Binaural Beats Freak. https://www.binauralbeatsfreak.com/sound-therapy/solfeggio-frequencies-chakra-system

WHO. (2021, April 13). *Noncommunicable diseases.* Who.int; World Health Organization: WHO. https://www.who.int/news-room/fact-sheets/detail/noncommunicable-diseases

Wired. (2019). A neuroscientist explains ASMR's effects on the brain & the body. In *YouTube*. https://www.youtube.com/watch?v=IiuUfX2cbhU

Yogapedia. (2017, January 8). *Yoga dictionary*. Www.yogapedia.com. https://www.yogapedia.com/definition

Yugay, I. (2019, January 10). *Everything you need to know about sound healing*. Mindvalley Blog. https://blog.mindvalley.com/sound-healing/?epik=djoyJnU9eFhxMTdqTFR2c2dSRUVCQXQ4Q1h-NLTRJQkdLb19HeWkmcDowJm49Ni1lS0trVWUxOUxzc3Qy-WDFGbGVDdyZoPUFBQUFBRoVINmxr

Zevitas, C. D., Spengler, J. D., Jones, B., McNeely, E., Coull, B., Cao, X., Loo, S. M., Hard, A.-K., & Allen, J. G. (2018). Assessment of noise in the airplane cabin environment. *Journal of Exposure Science & Environmental Epidemiology*, 28(6), 568–578. https://doi.org/10.1038/s41370-018-0027-z

Images

3centista. (2020). A traditional djembe. In *Pixabay*. https://pixabay.com/photos/djemba-africa-instrument-music-4931869/

Altmann, G. (2012). The right frequency is life. In *Pixabay*. https://pixabay.com/illustrations/heart-curve-health-pulse-frequency-66888/

AniaPM. (2021a). A rainstick. In *Pixabay*. https://pixabay.com/photos/rain-stick-music-instrument-6117677/

AniaPM. (2021b). Kalimbas range from fairly sophisticated to very basic. In *Pixabay*. https://pixabay.com/photos/music-kalimba-instrument-6117640/

Auntmasako. (2016). A set of tuning forks. In *Pixabay*. https://pixabay.com/photos/tuning-fork-healing-brain-tuner-1902632/

REFERENCIAS

Bartfai, L. (2018). Crystal singing bowls. In *Pixabay*. https://pixabay.com/photos/sound-sound-health-meditation-3521140/

Braxmeier, H. (2011). A set of gongs, with singing bowls in the foreground. In *Pixabay*. https://pixabay.com/photos/gong-mark-up-idiot-self-tönendes-11484/

Ebrahimnia, F. (2021). Hanghang can vary from small to large. In *Pixabay*. https://pixabay.com/photos/hang-drum-music-musician-5684668/

Firmbee. (2015). Solfeggio and earphones. In *Pixabay*. https://pixabay.com/photos/mobile-phone-iphone-music-616012/

Free-Photos. (2015). City noise does not even stop at night. In *Pixabay*. https://pixabay.com/photos/city-people-street-traffic-night-690158/

Lindl, C. (2019). Several monochords sharing a single sound box to demonstrate harmonic intervals. In *Pixabay*. https://pixabay.com/photos/body-monochord-monochord-haselholz-4352645/

Lolé, O. (2019). A hammered dulcimer. In *Pixabay*. https://pixabay.com/photos/hammered-dulcimer-instrument-strings-4481476/

Perry, J. R. (2014). A modern street musician playing a large didgeridoo. In *Pixabay*. https://pixabay.com/photos/didgeridoo-street-music-man-people-446132/

Photos. (2013). A traditional musician holding a native American flute. In *Pixabay*. https://pixabay.com/photos/native-american-courting-flute-176096/

Rickhuss, S. (2018). Gemstones used in natural healing. In *Pixabay*. https://pixabay.com/photos/natural-healing-gemstones-blue-bag-3371814/

Segado, J. F. (2015). Traditional Buddhist tingshas. In *Pixabay*. https://pixabay.com/photos/tingshas-buddhism-meditation-peace-1041584/

Sundermeier, A. (2019). Earplugs are not always the best solution. In *Pixabay*. https://pixabay.com/photos/ear-plug-noise-protection-4085688/

Time Traveler Al. (2020). Quartz rock crystal. In *Pixabay*. https://pixabay.com/photos/crystal-quartz-rock-crystal-5025318/

Wolter, T. (2019). Hearing is automatic but listening is not. In *Pixabay*. https://pixabay.com/photos/ear-mouth-nose-face-head-voices-3971050/

Zimmer, M. A. (2013). Singing bowls. In *Pixabay*. https://pixabay.com/photos/singing-bowl-singing-bowls-235266/

FINALMENTE... POR FAVOR, DEJA UNA RESEÑA EN AMAZON O EN AUDIBLE

De todo corazón, gracias por escuchar nuestro libro. Realmente esperamos que te ayude en tu viaje espiritual y a vivir una vida más empoderada y feliz. Si en efecto te ayuda, nos gustaría pedirte un favor. ¿Serías tan amable de dejar una reseña honesta de este libro en Amazon o en Audible? Sería muy apreciado y probablemente impactará las vidas de otros buscadores espirituales en todo el mundo, dándoles esperanza y poder. Leemos **cada** reseña que recibimos y cada una de ellas nos ayuda a convertirnos en los mejores escritores y maestros espirituales que podemos ser.

¡Gracias y buena suerte! Ascending Vibrations (Vibraciones ascendentes)

¿POR QUÉ NO TE UNES A NUESTRA COMUNIDAD DE FACEBOOK Y HABLAS DE TU CAMINO ESPIRITUAL CON PERSONAS AFINES?

¡Nos encantaría saber de ti!
 Ve a este enlace para unirte a la comunidad de "Ascending Vibrations":
 bit.ly/ascendingvibrations

www.ingramcontent.com/pod-product-compliance
Lightning Source LLC
Chambersburg PA
CBHW030111240426
43673CB00002B/41